中国古代文字

徐 潜 主编

吉林文史出版社

图书在版编目（CIP）数据

中国古代文字 / 徐潜主编 . —长春：吉林文史出版社，2013.4（2023.7重印）

ISBN 978-7-5472-1521-0

Ⅰ.①中… Ⅱ.①徐… Ⅲ.①汉字-古文字-通俗读物 Ⅳ.①H121-49

中国版本图书馆 CIP 数据核字（2013）第 063764 号

中国古代文字

ZHONGGUO GUDAI WENZI

主　　编　徐　潜
副 主 编　张　克　崔博华
责任编辑　张雅婷
装帧设计　映象视觉
出版发行　吉林文史出版社有限责任公司
地　　址　长春市福祉大路 5788 号
印　　刷　三河市燕春印务有限公司
版　　次　2013 年 4 月第 1 版
印　　次　2023 年 7 月第 4 次印刷
开　　本　720mm×1000mm　1/16
印　　张　12
字　　数　250 千
书　　号　ISBN 978-7-5472-1521-0
定　　价　45.00 元

序　言

　　民族的复兴离不开文化的繁荣，文化的繁荣离不开对既有文化传统的继承和普及。这套《中国文化知识文库》就是基于对中国文化传统的继承和普及而策划的。我们想通过这套图书把具有悠久历史和灿烂辉煌的中国文化展示出来，让具有初中以上文化水平的读者能够全面深入地了解中国的历史和文化，为我们今天振兴民族文化，创新当代文明树立自信心和责任感。

　　其实，中国文化与世界其他各民族的文化一样，都是一个庞大而复杂的"综合体"，是一种长期积淀的文明结晶。就像手心和手背一样，我们今天想要的和不想要的都交融在一起。我们想通过这套书，把那些文化中的闪光点凸现出来，为今天的社会主义精神文明建设提供有价值的营养。做好对传统文化的扬弃是每一个发展中的民族首先要正视的一个课题，我们希望这套文库能在这方面有所作为。

　　在这套以知识点为话题的图书中，我们力争做到图文并茂，介绍全面，语言通俗，雅俗共赏。让它可读、可赏、可藏、可赠。吉林文史出版社做书的准则是"使人崇高，使人聪明"，这也是我们做这套书所遵循的。做得不足之处，也请读者批评指正。

编　者

2012 年 12 月

目 录

甲骨文

甲骨文是中国的一种古代文字，被认为是现代汉字的雏形，也被认为是汉字的书体之一，是现存中国古代最成熟的一种文字。甲骨文是我国发现的最早的文献纪录，对甲骨文的研究在学术上已成为一门世界性的学科。目前，从事研究甲骨文的中外学者已近600人，发表的专著、论文已达4000多种。甲骨文在历史学、文字学、考古学等方面都具有极其重要的意义，是出土的可信实物资料。

一、略谈甲骨文

早在远古时期，我们的祖先便开始用图画来表达思想、传递信息了。后来，这些图画画得越来越多，人们就将图画加以抽象化，形成符号。我们现在使用的汉字就是由这些符号逐渐演变而来的。

我国考古工作者在西安西郊原始社会遗址中发掘出一批原始先民刻写的甲骨文，字体极小，笔画细如游丝。这批甲骨文比河南安阳出土的甲骨文要早 1200 年以上，可见远在商代之前，我国就已经有甲骨文了。

从 1899 年甲骨文首次发现到现在，据学者胡厚宣统计，共计出土甲骨 154600 多片，其中大陆收藏 97600 多片，台湾省收藏 30200 多片，香港收藏 89 片，总计我国收藏 127900 多片。此外，日本、加拿大、英国、美国等国家共收藏 26700 多片。这些甲骨上刻的单字约有 4500 个，已释读出的字约有 2000 个左右。

上述这些数字随着岁月的推移和考古工作的进一步深入，每时每刻都有可能在增加。

中国的文字萌芽较早，在新石器时代仰韶文化的陶器上就发现了各种符号，那是中国文字的雏形。经过两三千年的发展，到商代时我国的文字已经达到成熟的阶段了。

商代的甲骨文具有一定的体系，并有很严密的规律。它不仅刻画精湛，而且内容丰富，对中国古文字的研究和历史研究都有重要的作用。

过去，古文字研究的主要依据是商周青铜器上的铭文和东汉许慎所著的《说文解字》。

甲骨文比《说文解字》早 1500 多年，源于直接发掘出来的文物，可信程度极高，对研究汉字的起源和发展、解决青铜器铭文中悬而未决的问题、纠正

《说文解字》的疏失等方面都有极重要的价值。

甲骨文是一种中国古代的文字，是现代汉字的早期形式，也是汉字的书体之一，堪称中国现存最古老的一种成熟文字。

我们要谈的甲骨文主要指殷墟甲骨文，又称"殷墟文字""殷契""甲骨卜辞"，是殷商时代刻在龟甲和兽骨上的文字。

殷墟是著名的殷商遗址，范围包括河南省安阳市西北小屯村、花园庄、侯家庄等地。因为这里曾经是殷商都城所在地，所以人们称之为"殷墟"。

殷墟出土的甲骨文大多是商王朝统治者的占卜记录。商代统治者极其迷信，对于打仗能不能胜利，一旬之内会不会有灾祸，天会不会下雨，农作物能不能有好收成，应该对哪些鬼神进行哪些祭祀，甚至生育、疾病、做梦、出行等等都要进行占卜，以了解鬼神的意志和吉凶祸福。

商代占卜所用的材料主要是乌龟的腹甲、背甲和牛的肩胛骨。

占卜时先在用以占卜的甲骨的背面挖出或钻出一些小坑，这种小坑被甲骨学家称为"钻凿"。占卜时先在这些小坑上加热，使甲骨表面产生裂纹。这种裂纹称为"兆"，商王或从事占卜的人根据兆的形状来判断吉凶。

然后，占卜官员把占卜的有关事情，如占卜时间、占卜者、占问内容、占卜结果、验证情况等刻在甲骨上，作为档案材料由王室史官保存起来。除占卜刻辞外，甲骨文献中还有少数记事刻辞。甲骨文献的内容涉及天文、地理、历法、气象、方国、宗教、祭祀、世系、人物、职官、征伐、刑狱、农业、畜牧、田猎、交通、疾病、医药、生育、灾祸、科学、技术等，因而是研究中国古代特别是商代社会历史、文化生活、语言文字的极其珍贵的第一手资料。

从殷商的甲骨文来看，当时的汉字已经发展成能够完整记载汉语的文字体系了。

甲骨文中既有大量的象形字、指事字、会意字，也有很多形声字。这些文字和我们现在使用的汉字在外形上虽有较大的区别，但从结构上看，二者基本上是一致的。

二、"甲骨文之父"

甲骨文虽然是公元前 1700 年的文字，但直到 19 世纪末才被清廷国子监祭酒王懿荣发现。因此，我们可以说，殷商灭亡后，甲骨文在地下沉睡了近 4000 年。

王懿荣（1845—1900 年），字正儒，又字廉生，山东福山古砚村（在今山东烟台）人，出身于封建士大夫家庭。

王懿荣 6 岁入本村王氏家塾读书，15 岁随父亲进京。父亲做官，他在家勤奋读书。

王懿荣自幼聪颖过人，广涉书史，过目不忘。

王懿荣喜爱旧版书、古彝器和碑刻字画，尤潜心于金石之学。为搜求文物古籍，他足迹遍及鲁、冀、陕、豫、川等地。凡书籍字画和夏、商、周三代以来之铜器、印章、货币、残石、片瓦，王懿荣无不珍藏。

王懿荣曾先后拜访当时著名的收藏家兼金石学家潘祖荫、吴大澂等人，同他们共同切磋学问。

王懿荣撰有《汉石存目》《南北朝存石目》《福山金石志》《古泉选》等书，是当时著名的金石学家。

光绪六年（1880 年），36 岁的王懿荣考中进士。光绪九年（1883 年），王懿荣出任翰林院编修。光绪二十年（1894 年），王懿荣升任侍读，并入值南书房。

王懿荣才高八斗，学富五车，时人称其为"太学师"，曾出任翰林院庶常馆教习、国子监祭酒。国子监祭酒是太学最高长官。

光绪二十五年（1899 年），王懿荣首先发现甲骨文，并将其时代断为商代。他的研究成果轰动了中外学术界，把汉字的历史推到公元前 1700 多年的殷商时代，从而开创了文字学、历史学研究的新局面。

王懿荣十分敬仰我国民族英雄戚继光。光绪十四年（1888 年），他重印戚继光的文集《止止堂集》，并为之作序。

光绪二十年（1894 年），中日甲午战争爆发。王懿荣忧心如焚，上书朝廷，要求回乡办团练，抗击日寇。获准后，他迅速赶赴济南，会同山东巡抚商酌防务。继而又赴登州（今山东蓬莱）遍观海陆地形，组成了一支抗日武装。

在山东莱阳，友人赠给王懿荣一把当年戚继光用过的宝刀。这把宝刀薄如纸，清如水，上面刻有"万历十年，登州戚氏"款。王懿荣得了这把宝刀之后，感慨万分，心潮澎湃，当即舞刀赋诗道："岂有雄心辄请缨，念家山破自魂惊。归来整旅虾夷散，五更犹闻匣剑鸣。"他决心整军经武，击溃日寇。

正当王懿荣准备率军迎击日寇时，李鸿章却同日本政府签订了丧权辱国的《马关条约》。王懿荣壮志未酬，黯然神伤。随后，他变卖家产，缴还国家饷银，遣散抗日将士。山东巡抚见他损失太大，曾赠以千金，他分文不收。

光绪二十六年（1900 年），八国联军进攻北京。王懿荣文武全才，为时人所重，因而受命于危难之际，被任命为京师团练大臣，负责率领军民保卫京城。

同年 7 月 20 日，帝国主义侵略军攻入东便门。王懿荣临危不惧，亲率团练奋勇抗敌，终因寡不敌众而失败。

八国联军占领北京后，王懿荣拒绝出逃，又不愿做亡国奴，毅然携夫人、长媳投井殉国，时年 56 岁。

关于王懿荣发现甲骨文，历史上有过一段佳话：

1899 年秋，时任国子监祭酒的王懿荣染上了疟疾，用了好多药均不见效。这时，一位老中医给他开了一剂药方，药方上的一味中药吸引了他的目光：龙骨。"龙骨什么样？难道真是龙的骨头吗？"王懿荣产生了极大的好奇心，一时竟把病痛也忘了。

原来，3000 年前，商朝第 20 位帝王盘庚从山东"奄"（今山东曲阜）迁都到"殷"（今河南安阳西北小屯村）。当年，那里到处是雄伟的宫殿和巍峨的宗庙，是商朝全国政治、经济、文化中心。公元前 1046 年，周武王联合诸侯伐商，商纣王兵败，逃至鹿台自焚而死。从盘庚到纣王，商王室在殷都共传八代，计十王，历经 273

年。周灭商后，繁华一时的殷都逐渐荒芜，沦为一片废墟，成了耕地，被后人称为"殷墟"。

清朝末年，小屯村农民耕地时，常常掘出一些骨头片，不知其为何物。因骨体较大，近代见所未见，农民便称其为"龙骨"。后来，有个叫李成的农夫身上长了许多疥疮，又疼又痒，无钱医治，无意中捡起人们随手扔掉的龙骨，用力捏成白面，撒在身上疥疮处。不料，白面很快被脓血吸收，不久身上的疥疮竟然全好了。李成高兴极了，忙把乡亲们扔掉的龙骨收集起来，跑到城里卖给中药店。他说这东西叫龙骨，是药材，能治疥疮。于是，龙骨成了一味中药。

清光绪二十四年（1898年）冬天，山东潍县古董商范维卿从河南安阳购得许多龙骨，作为珍贵药材贩卖到北京中药店。

王懿荣是国子监祭酒，又是京城里有名的金石学家，人品又好，在京师学界深孚众望。平日里，京中的名流学士都愿意同他打交道，谁得了什么宝物都想请他鉴定，向他讨教。

这天夜里，王懿荣在灯下仔细查看从药店买回来的龙骨。看着看着，忽然发现上面有许多用刀刻的小道道。他把大大小小的龙骨对来对去，竟然拼成了两三块龟板！他仔细地擦去龟板上的泥土，上面刻的小道道更加清晰了。他左右端详，根据他渊博的金石学知识，再参考读过的《周礼·春官》和《史记·龟策列传》中的记述，他发现所谓龙骨就是先人占卜用的龟板！上面的小道道就是篆籀之前的上古文字！

第二天，王懿荣吩咐家人到北京各大中药店将带字的龙骨全部买下。他从骨头上认出了好多古字，读出了商代许多湮没已久的秘密。

中国最古老的文字被国学大师王懿荣发现了！他将北京学界好友请到家中，向他们宣布了这个惊人的消息。当他们把玩王懿荣递过来的龙骨时，一个个不禁目瞪口呆，都说这是老祖宗的东西，可要珍惜呀！

不久，这一消息震惊了世界。

光阴荏苒，日月如梭。1989年10月，王懿荣发现甲骨文90周年之际，为纪念这位首次发现甲骨文的爱国学者，山东省文物局、烟台福山区人民政府在家乡为王懿荣建立了"王懿荣纪念馆"。

王懿荣纪念馆分 7 个展室，展出了王懿荣的遗物，有手札、书信、著作、书法、甲骨文骨片等计 300 余件。

馆内还收藏了国家领导人、国内外著名历史学家、甲骨文学者、书画家的题词和字画珍品，计 200 余幅。

王懿荣纪念馆落成后，立即成了山东省优秀社会教育基地和烟台市爱国主义教育基地。

由于王懿荣在甲骨文方面的卓越贡献，被世人公认为"甲骨文之父"，受到全世界人民的敬仰。

三、甲骨文的种类

根据构字法，甲骨文可分为六种。

甲骨文的字形和意义有密切的关系，了解分析甲骨文的字形有助于了解其字义。尤其在学习古代汉语时，有必要了解甲骨文的形体构造。

关于甲骨文的形体构造，传统有"六书"的说法。六书是象形、指事、会意、形声、转注、假借等六种造字方法。

第一种　象形字

象形字在甲骨文中是把事物的轮廓或具有特征的部分描绘出来。

象形字纯粹利用图画作为文字使用，这些文字与所代表的东西在形状上极其相似。象形字是最早产生的文字，用线条或笔画把要表达的物体的外形或局部特征具体地勾画出来。如雨像天上掉下来的雨滴；壶像一把壶；马就是一匹有鬣、有腿的马；日接近圆形，中间有一横，很像人们在直视太阳时所看到的形状；鸟像一只鸟的形状；鱼像一尾有鱼头、鱼身、鱼尾的游鱼；牛像牛角；门是左右两扇门的形状。

象形字来自图画文字，但图画性质已经减弱，象征性质大大增强了。

象形是一种最原始的造字方法，其局限性很大，因为有些实体事物和抽象事物是画不出来的。因此，汉字逐渐发展成表意文字，增加了其他造字方法，如六书中的会意、指事、形声等。这些新的造字方法仍以象形字为基础，通过拼合、减省或增删象征性符号等手段进行造字。

第二种　指事字

指事是一种用记号指出事物的特点的造字方法。例如：

上　下　亦

甲骨文在"一"的上面加一点指出"上"的意思，在"一"的下面加一短横指出"下"的意思。第三个字是先画一个人，然后在人的两腋之下加点指出

"腋"的意思，"亦"是"腋"的本字。

指事字是用抽象的指示符号来表达字义的造字方法。

指事字有两种表达方法：

其一、使用纯抽象符号，如："上""下"。

其二、在象形字上增加指示符号来造字，如："亦"。

指事字是一种抽象的造字方法，也就是当不能或不方便将具体形象画出来时，就用抽象符号来帮助造字。

第三种　会意字

会意字由两个以上的形体组成，把它们的意义组合成一个新的意义，让人们看了可以体会出来。例如：

步　逐　鬥（斗）　莫　牧

在甲骨文里，"步"字由两只脚合起来，两脚一前一后，意思是"行走"，如"步入内厅"中的"步"，便是"走"的意思。

"逐"字是一个人的脚在豕（猪）的后面，表示"追逐"的意思。上面画的是一头猪，头向上，腿向左；下面是甲骨文中的"脚"字。

"鬥（斗）"字是两个人手交手打起来了，表示"搏鬥（斗）"的意思。画的是两人直立相对，两臂相交。

"莫"字上下部是草，中间是太阳，表示日落草中，天黑了。这本是"莫"字最初的寓意，后来借用"莫"作否定词，于是在"莫"下再加一"日"字成为"暮"字，用以表示天黑，而"莫"只表示"不"的意思了。

"牧"字左上是一头牛，右下是人的一只手拿着一根棒子，合起来表示"放牧"的意思。

又如：武字上面是戈，下面是脚，合在一起表示人拿着戈行走，因而合成了"武"的意思。

再如：比字是两个人紧靠在一起，合成了比邻的"比"。

第四种　形声字

形声字是由意符（也叫形符）和声

符两部分组成的，意符表示意义，声符表示声音。例如：

杞　问　物

"杞"是树名，读音与"己"相近，所以用"木"（树）作意符，用"己"作声符。"问"字从口，门声。现在，由于语音的演化，声符的发音已与字音相差很大了。"物"字从牛，勿声，本是杂色牛的名称，后借为事物的"物"。

第五种　转注字

老　考

"老"像偻背老人扶杖而行之状，表示年老的意思。

"考"，年老的意思，如"考寿"是长寿之意。上面由"老"字省略而来，下面是声符。

将一个字（老）省略为符号，再加上声符，形成新的字（考），此为"转注"。

第六种假借字

如上所述，"亦"（腋）借为"亦"（也）；"莫"（暮）借为"莫"（不）；物（杂色牛）借为"物"（事物的"物"）。

四、甲骨文的几个特点

在甲骨文中，原始图画文字的痕迹比较明显。它们有以下几个主要特点：

其一，在字的构造方面，有些象形字只注重突出实物的特征，而形状细节、笔画多少、正反方向是不统一的。

其二，甲骨文的形体往往有长有短，是以所表示实物的繁简决定的，有的一个字可以占几个字的位置，如图所示。

从图中可以看出甲骨文在结构上长短大小均无一定，或疏疏落落，参差错杂；或密密层层，严整庄重。可谓古朴多姿，充满情趣。

其三，甲骨文的一些会意字只要求两个象形字合起来含义明确就行，而不要求千篇一律。因此甲骨文的异体字非常多，有的一个字竟有十几种甚至几十种写法。

"逐"字的多种写法：

在甲骨文"逐"字中，所画的猪有的在上面，有的在下面；有的猪腿向左，有的猪腿向右。

其四，因为甲骨文是用刀刻在较硬的兽骨上的，所以笔画较细，方笔居多。

由于甲骨文是用刀刻成的，而刀有锐有钝，骨质有硬有软，所以笔画粗细不一，有的纤细如发，风格瘦劲，具有刀锋的趣味。有的笔画的连接处常有剥落，显得浑朴厚重。

甲骨文在结构上虽然大小不一，富于变化，但已具有对称、稳定的格局。中国的书法是由甲骨文开始的，因为甲骨文已备书法的三要素：用笔、结字、章法。

殷墟甲骨文记载盘庚迁殷至纣王亡国 273 年的卜辞，是我国最早的书迹。

殷墟甲骨文受文风盛衰之影响，大致可分为五个时期：

其一，雄伟期：

从盘庚至武丁，约一百年，因受盛世的影响，书法风格恢弘雄伟，达甲骨书法之极致。起笔多圆，收笔多尖，曲直相错，富于变化，不论肥瘦均极雄壮

刚劲。

其二，谨饬期：

自祖庚至祖甲，约四十年。在这两位守成贤君的统治下，这一时期的书法十分谨饬。虽承袭前期之风，但已不如前期雄伟豪放。其字恪守成规，极少创新，

其三，颓靡期：

自廪辛至康丁，约十四年。这一时期文风凋敝，虽然还有不少工整的书体，但刻文错落参差，错字屡见不鲜。

其四，劲峭期：

自武乙至文丁，约十七年。武乙和文丁二王锐意复古，力图恢复武丁时代之雄风，书法风格转为劲峭有力，呈现出中兴气象。在比较纤细的笔画中，带有十分刚劲的风格。

其五，严整期：

自帝乙至帝辛，约八十九年。这一时期的书法风格趋于严谨，与第二期略近。篇幅加长，谨严过之，无颓废之病，但也缺乏雄姿伟气。

甲骨文是目前已知我国最早的系统文字，也是比较成熟的文字。其文字笔画和疏密结构已经初具用笔、结体、章法等书法要旨，孕育着艺术之美。书刻卜辞的史官不仅为后人留下了丰富的史料，也留下了一份份珍贵的上古书法作品。

甲骨文风格不同，有的劲健雄浑，有的秀丽轻巧，有的工整规矩，有的疏朗清秀，有的丰腴古拙。

甲骨文或骨格开张，有放逸之趣；或细密绢秀，具山花之姿。甲骨文字里行间常游动着书法之美，可谓笔意充溢，异彩纷呈。

甲骨文除了上述特点之外，还有一个现代汉字所没有的特点：经常出现由两个单字结合而成的名词、习语、数词或数量词组合，常常采取写在一起的合书形式，看起来就像是一个字。这种合书的形式称为"合文"，有下面几种：

其一，商王的先公和先王的庙号常常写成合文：

"(大乙)"是"大"和"乙"两个字的合文；"(祖乙)"是"祖"和"乙"两个字的合文。

其二，一些常见的名称和熟语也写作合文：

中国古代文字

"（人方）"是"人"和"方"两个字的合文；"（小臣）"是"小"和"臣"两个字的合文。

其三，十以上的数字常常写成合文：

"（五百）"是"五"和"百"的合文；"（五千）"是"五"和"千"的合文。

其四，一些数词和量词结合的词语，也往往采用合文：

"（八月）"是"八"和"月"两个字的合文；"（五牢）"是"五"和"牢"两个字的合文。

上述这些合文字虽然是由两个单字组成的，但看起来完全像一个字。我国古代汉字的书写历史中，这种合文的书写形式曾经流行过一个相当长的时期。从甲骨文到西周金文，直至秦汉简册，几乎都有这种合文的书写形式。这也是古代汉字的一个特点。

甲骨文的主体内容是卜辞，即占卜活动结束后记录占卜活动进行情况和结果的刻辞。一般包括四个部分：

其一，前辞，学者也有称为叙辞的。前辞记述占卜的干支日期和主持占卜活动的人物名称等内容。

其二，问辞，学者也有称为命辞的。问辞一般记述卜问的事项等内容。

其三，占辞，一般记述商王或占卜者根据卜兆对卜问事项所做的吉凶判断或推测。

其四，验辞，一般记述占卜活动结束后事情是否和预言的判断或推测相应验等内容。

下面是武丁时期一条完整的卜辞原文：

癸卯卜，（人名）贞："旬亡（无）祸？"王（占测）曰："（有）祟。其（有）来艰？"迄至七日己巳，允（有）来艰自西。友角告曰："方出，（侵）我于（地名），田七十，人五。"

这条卜辞译成现代汉语是说：癸卯这天进行占卜，卜官问道："这一旬没有灾祸吧？"商王推断说："有灾祸，可能是外来的灾难吧？"到了七天以后的己巳日，果然有来自西方的灾难。大臣友角报告说："方出兵，在侵袭我方，夺去七十块井田和五个人。

五、甲骨学

王懿荣发现甲骨文后，还未来得及将研究成果写出来形成学术著作，便不幸以身殉国了。

王懿荣殉国后，他所收藏的甲骨大部分转归好友刘鹗所有。刘鹗即《老残游记》的作者刘铁云。他十分崇拜王懿荣，也是王懿荣的知音和座上客。王懿荣常夸刘鹗说："真是后生可畏啊！"

王懿荣殉国后，家道中落。他在世时，家中所有资金大都用以购买善本古籍和古董，家中几乎没有积蓄了。为了生计，王懿荣的儿子王翰甫不得不开始变卖家产。刘鹗闻讯后，十分同情王家，尽自己力量所及，给了王家一些资助。

光绪二十八年（1902 年），王翰甫为还清旧债，将父亲生前所藏甲骨大部分卖给了刘鹗。此外，刘鹗多方收集，前后共得甲骨 5000 多片，成为当时我国甲骨的著名收藏家。

刘鹗（1857—1909 年），原名孟鹏，原籍江苏丹徒（今江苏镇江），生于山阳（今江苏淮安）。刘鹗出身于官僚家庭，但不喜欢科举，厌恶八股文章。自幼关心国家大事，爱护百姓。

刘鹗承袭家学，致力于数学、医学、水利学等科学知识，留心实际学问，并纵览百家，喜欢收集书画碑帖、金石甲骨。

早年，刘鹗因科场不利，曾行医和经商。

光绪十四年（1888 年）至二十一年（1895 年），刘鹗先后在河南巡抚吴大澄、山东巡抚张曜的幕府里帮办治黄工程。因他政绩显著，被保荐到总理各国事务衙门，以知府衔被任用。

14

光绪二十三年（1897 年），刘鹗应外商之聘，担任筹采山西矿产经理。后又曾参与拟订河南矿务机关豫丰公司章程，并擘划开采四川麻哈金矿和浙江衢、严、温、处四府的煤矿和铁矿，成为外商精明强干的买办与经纪人。

光绪二十六年（1900 年），义和团起义，八国联军乘机侵入北京。北京百姓断粮。刘鹗挺身而出，向联军购得太仓储粮，设平粜局赈济北京饥民。

光绪三十四年（1908 年），清廷以"私售仓粟"和"里通外国"的罪名将刘鹗充军新疆。

次年，刘鹗死于乌鲁木齐。

刘鹗是中国第一个将甲骨卜辞公布于世的人，在甲骨文研究史上功不可没。

在王懿荣所收藏甲骨的基础上，刘鹗又进一步收集，以致家中所藏甲骨增至 5000 多片。为了弘扬民族文化，刘鹗于 1903 年拓印《铁云藏龟》一书，将甲骨文资料第一次公开出版。

《铁云藏龟》是清代甲骨学著作，也是中国第一部著录甲骨文材料的专书。光绪二十九年（1903 年），由刘氏抱残守缺斋刊行石印本六册。该书从刘氏所藏 5000 余片甲骨中选录 1058 片，除掉重复 3 片和伪刻 4 片外，实收 1051 片。书前有罗振玉、吴昌绶著文及刘鹗自序。

原来，1903 年春，刘鹗得到一个不好的消息，袁世凯在慈禧太后那儿告了刘鹗一纸御状，说他胆大包天，竟敢私售太仓粮粟，为洋人办事。慈禧太后大怒，派人捉拿他！为了预防不测，尽早完成王懿荣甲骨研究的未竟事业，刘鹗才决定尽快将手中收藏的甲骨拓印出版。

刘鹗此举标志着甲骨文从学者书斋中的古董时期进入国人共赏的金石时期。从此，甲骨文由少数学者手中的古董变为可供广大学者进行学术研究的可贵资料。这在学术上是有着极其重要的历史意义的。

刘鹗去世后的第二年，著名学者孙诒让根据《铁云藏龟》披露的资料，写出了甲骨文研究方面的第一部专著《契文举例》。

孙诒让（1848—1908 年），字仲

颂，别号籀廎，浙江瑞安人。

孙诒让出身书香门第，"四书""五经"倒背如流，远近呼为"神童"，13 岁就写出了《广韵姓氏刊误》一书，18 岁写成《白虎通校补》。

孙诒让一生著作达 35 种，在经学、史学、诸子学、文字学、考据学、校勘学和甲骨学等方面都有卓越的成就。

孙诒让关心国家，认为救国必须先办教育。他苦心经营，殚精竭虑，筹资 50 万，在浙江省温州、处州十六个县先后办学堂三百余所，为浙南近代教育奠定了良好的基础，并为开展地方启蒙运动和改良社会风气作出了巨大的贡献。《清史稿》特地为他立传，梁启超、鲁迅、郭沫若对他都有高度的评价。孙诒让同情革命，秋瑾被捕后，他曾向座师张之洞上书，请其帮忙营救。现在，温州和瑞安各地都修建了"籀园""怀籀园""籀公楼"等建筑物，用来纪念这位大学者和大教育家。

《契文举例》是考释殷墟甲骨文字的最早的学术著作。

甲骨文出现后，当时好多学者都半信半疑。文字学家章太炎认为甲骨文纯系伪造，而孙诒让读后却如获至宝，认为这是研究商代文字的最可靠的资料。他日夜不眠，手持甲骨拓印本，扪心苦思，发奋钻研，考其形，释其义，仅用不到一年时间就用分类法把甲骨文字加以区分，并对大部分单字逐个进行辨析，写出了世界上第一部研究甲骨文的专著——《契文举例》二卷。此书为甲骨文研究开辟了道路，孙诒让也因此成了甲骨学的开山之祖。

《契文举例》分日月、贞卜、卜事、鬼神、卜人、官氏、方国、典礼、文字、杂例十篇。此书既诠释文字，又考证制度，开了古字考释与古史考证相结合的先例。

孙诒让考释的甲骨文共计 185 个字，多半是在和金文的比较中认出来的常用字。

第二年，孙诒让又进一步把金文、甲骨文、石鼓文及贵州红岩石刻文与

《说文解字》中的古籀互相校勘，指出其歧异之所在，研求其省变之源流，探索古文、大小篆之沿革，著《名原》七篇，对古文字学提出了一些新的见解，把有关古文字学的学术研究推向了新的高峰。

孙诒让在经学、诸子学、文字学、考据学、校勘学、甲骨学以及地方志的研究和整理方面都有卓越的成就，郭沫若称他是"启后承前一巨儒"。

甲骨文被发现后，在学术界引起了巨大的轰动。古董商人为了谋利，开始垄断甲骨，对甲骨的出处秘而不宣，后来又谎称甲骨出自河南汤阴、卫辉等地。

光绪三十四年（1908年），著名学者罗振玉不惜重金，终于访知甲骨出土于河南安阳小屯村。刚一得到这一信息，他就立即派遣亲属到安阳去求购甲骨，接着又亲自前往安阳进行实地考察。

罗振玉（1866—1940年），祖籍浙江上虞县，生于江苏山阳县（今江苏淮安）。

上虞罗氏是个大家族，富甲一方。罗振玉的曾祖父留下万贯家产，家中本来不愁衣食。

罗振玉的祖父去世后，他的祖母方氏不与家族争遗产，携带子女远离家乡，定居江苏山阳。后来，罗振玉的父亲因经营典当业失败，负债累累，不敢居家度日，出门躲债。罗振玉出生时，罗家是由祖母主持家政的。祖母治家极严，待人却极宽厚，集封建伦理与传统美德于一身，远近称颂。这对罗振玉的一生有着深远的影响，祖母的教诲是他取之不尽、用之不竭的精神财富。

罗振玉从小性情温顺，不会嬉戏，终生手不释卷，笔不停书。

罗振玉自幼聪慧过人，但体质过于虚弱，老师特意把课程放慢，让他慢慢自学，使他养成了良好的自学习惯。

罗振玉自幼对金石文物有着高度的兴趣，每见题刻往往流留忘返。16岁那年，罗振玉担起应付债家、奔走衣食的重担。但家庭的重担并没有影响他对学业的追求，他每晚挑灯夜读，苦中取乐，嗜学成癖。

从22岁开始，罗振玉为人担任塾师，借以维持生计。为了清还债务，罗

振玉于光绪二十二年（1896年）到上海与蒋伯斧合资创办农学社，成立农报馆，出版《农学报》，翻译国外农业方面的知识。罗振玉认为富国必须发展农业，他还编辑出版了《农学丛书》，对中国农学研究提出了很有见地的看法。

罗振玉还热心教育，于光绪二十二年（1896年）与朋友创办东文学社，以后又多次应聘到湖北、广东、江苏等地办学，并且为教育界创办了第一个专刊《教育世界》。

东文学社的最初目的是培养日语翻译人才，后来成为著名学者的王国维就是该社的学生。王国维曾因月考不及格而面临除名的危险，罗振玉认为他一贯努力学习，因而允许他留下来。对王国维而言，进入东文学社成了他走上学者道路的关键一步。

宣统元年（1909年），罗振玉被清廷任命为京师大学堂农科监督，奉命赴日本考察。考察归国后，罗振玉立即建立新校，并设试验场，成为北京农业大学的前身。

罗振玉自幼喜爱收集金石碑刻，更是不遗余力地搜求甲骨，是最早在甲骨学研究方面取得成就的学者之一。他从1906年开始收集甲骨，家藏近两万片，是我国早期收藏甲骨最多的收藏家。他除鼓励刘鹗编集《铁云藏龟》外，还亲自访求，找到了甲骨的真实出土地点。

宣统二年（1910年），罗振玉著《殷商贞卜文字考》一书，首先考定安阳小屯村为殷墟，并正确判明甲骨是殷商王朝的遗物。后来，罗振玉陆续根据所见所藏甲骨著《殷墟书契前编》《殷墟书契菁华》《殷墟书契后编》《殷墟书契续编》四部研究甲骨文的专著，共收甲骨5000余片，是汇集殷墟正式发掘前零星出土甲骨的最重要的集大成之作。

《殷墟书契考释》考释甲骨文字共561个，并提出"由许书以上溯古金文，由古金文以上窥卜辞"的释字原则。"许书"指许慎所著《说文解字》。

罗振玉主张考释文字应注意卜辞辞句的通读和分类，从而推动了初期甲骨学的研究工作。

宣统皇帝溥仪嗣位后，内阁大库险遭焚毁之灾。多亏罗振玉挺身而出，才使珍贵的史料得以保存下来。

罗振玉为了使重要史料免遭厄运，多方奔走呼吁，上下周旋，终使十几万斤的档案和典籍免遭火焚。

档案和典籍搬运出宫后，部分档案却被历史博物馆以"烂字纸"及"绌于经费"为由，卖给了同懋增纸店作"再生纸"。

罗振玉得知后，火速前往，当面答应以三倍高价买下所有档案。为此，他奔走京津，筹措款项，变卖私藏，还借了不少债，终于从造纸厂买回了这批所谓"烂字纸"。罗振玉这一义举，感动了许多有良知的中国人。

在《洹洛访古游记》中，罗振玉记载了殷墟的地形图以及甲骨出土的情况，这是第一部实地考察安阳殷墟的学术著作，对整个甲骨学的形成和发展起了"导夫先路"的作用，对后来的甲骨学研究具有重大的意义。

罗振玉以甲骨文字本身的特点为主要依据，参照《说文解字》，并将甲骨文与金文、古文、籀文、篆文做比较，考释出大量的单字，并阐释文字的渊源与流变情况。

罗振玉还利用字形和后世文献资料推求字的本义及其通假关系，先后于1910年在《殷商贞卜文字考》中释出单字近三百个，于1915年在《殷墟书契考释》中释出单字近五百个，其中大多数的字得到了学界的认可。

1916年，罗振玉还将卜辞中未能识别的千余字编成《殷墟书契待问编》，供大家探讨，给甲骨文研究提供了方便。

罗振玉还首创了对卜辞进行分类研究的科学方法。《殷墟书契考释》一书将卜辞分为八类，为后世的甲骨分类研究开创了先例。

罗振玉还与王国维一起，确证了甲骨文中的合文现象。

继罗振玉之后，许多著名学者，如王国维、郭沫若、董作宾、胡厚宣等都对甲骨文进行了卓有成效的考释和研

究，从而形成了一门专门的学问——甲骨学。

中国近代四位著名甲骨文学者：郭沫若，字鼎堂；董作宾，字彦堂；罗振玉，号雪堂；王国维，号观堂。因为他们或字中带"堂"字，或号中带"堂"字，故称"甲骨四堂"，同为甲骨学研究的一代宗师。著名学者唐晓评价说："自雪堂导夫先路，观堂继以考史，彦堂区其时代，鼎堂发其辞例，固已极一时之盛。"

司马迁在《史记·殷本纪》中详细记载了殷商王朝的世系和历史。过去，因为没有商代的文字记载和实物资料可资佐证，史学界许多人对这些记载将信将疑。

20世纪初，罗振玉在他搜集的甲骨中发现刻有殷商王朝先公、先王的名字，从而证实了这些甲骨的出土地小屯就是《史记》中所说的"洹水南，殷墟上"的殷墟所在地，这是极有见地的。

此后，学者王国维参照《史记》中的记载，对甲骨卜辞中所见的商代诸位先公、先王作了详细的考证，证实了《史记》中《殷本纪》所叙历史的可信性。商朝第十代王盘庚于公元前1318年把都城从奄（今山东曲阜）迁到殷（河南安阳小屯村一带），历经八代十王，在此建都达273年之久。王国维的这些研究成果把中国可考据的信史提早了一千年，其功绩是令人仰慕的。

根据一片殷商甲骨上的几个文字肯定了一个距今3000多年、长达600多年的朝代，王国维将20世纪20年代一些学者认为中国的可信历史始于西周的疑古思潮彻底粉碎了。

王国维（1877—1927年），浙江海宁盐官镇人，清末秀才。王国维与徐志摩、金庸等人是同乡，在文学、美学、史学、哲学、古文字学、考古学、甲骨学等各方面成就卓著，人称国学大师。

王家世代清寒，王国维自幼苦读成性。

王国维从22岁起，到上海《时务报》馆担任书记校对。他利用业余时间到

中国古代文字

罗振玉办的"东文学社"研习外交与西方近代科学,又在罗振玉的资助下于光绪二十七年(1901年)赴日本留学。

光绪二十八年(1902年),王国维因病从日本归国后,在罗振玉的推荐下曾执教于南通江苏师范学校,讲授哲学、心理学、伦理学等,并埋头于文学研究。

光绪三十二年(1906年),王国维随罗振玉入京,担任清政府学部总务司行走、图书馆编译、名词馆协韵等。其间,王国维出版了《人间词话》,被学界视为名作。

宣统三年(1911年),辛亥革命爆发后,王国维随罗振玉逃到日本京都定居,开始了甲骨文、金文、汉简等方面的研究。

1916年,王国维应上海著名犹太富商哈同之聘,回国担任仓圣明智大学教授,继续从事甲骨文、考古学等学术研究。

1922年,王国维受聘担任北京大学国学门通讯导师。

翌年,王国维由蒙古贵族——大学士升允推荐,担任清朝逊帝溥仪南书房行走,为五品官。

1924年,冯玉祥发动北京政变,驱逐溥仪出宫。王国维引此事为奇耻大辱,愤而与罗振玉等前清遗老相约投金水河殉清,为家人所阻。

1925年,王国维受聘担任清华研究院导师,讲授《古史新证》《尚书》《说文解字》等,与梁启超、陈寅恪、赵元任、李济被誉为"五星聚奎",成为清华五大著名导师,门生弟子遍布中国史学界。

1927年6月,国民革命军北上京津时,王国维留下"经此世变,义无再辱"的遗书,投北京颐和园昆明湖自尽。他决心学习不食周粟的伯夷、叔齐,与反古忘祖的人不共戴天。

著名学者陈寅恪对王国维学术研究评价说:

甲骨文于晚清时才发现,最早发现

者是王懿荣。后来，刘鹗刊印《铁云藏龟》，继之，孙诒让和罗振玉对甲骨文字进行了研究。而将甲骨学由文字学演进到史学的第一人则推王国维。他撰写了《殷卜辞中所见先公先王考》《殷卜辞中所见先公先王续考》《殷周制度论》《殷墟卜辞中所见地名考》《殷礼征文》以及《古史新证》等。他将地下的材料甲骨文同纸上的材料——中国历史古籍对比起来加以研究，用卜辞补正了书中记载的错误，而且进一步对殷周的政治制度作了探讨，得出了崭新的结论。他的考证方法极为缜密，因而论断精审正确。他自己称这种考证方法为"二重证据法"，即以地下的材料与纸上的材料相比较以考证古史的真相。这种考证方法既继承了乾嘉学派的考据传统，又运用了西方的科学考证方法，使两者有机地结合起来，在古史研究上开辟了新的领域，创造了新的方法，取得了巨大的成就。

1917年，王国维发表了第一篇有关甲骨文学术研究的科学论文《殷卜辞中所见先公先王考》。在书中，王国维不仅利用甲骨上的资料证实了《史记·殷本纪》中记载的可信性，同时还更正了司马迁《史记》中的不少错误，如：上甲以后的世系次序应为"报乙—报丙—报丁—示壬—示癸"，司马迁误为"报丁—报乙—报丙—主壬—主癸"了。

王国维又发现王亥为殷之先公，与《吕氏春秋》《史记·殷本纪》《三代世表》及《汉书·古今人表》所记载的胲、核、该、王冰、振和垓实系一人。王国维还发现有"中宗"称号的应是祖乙，司马迁误为大戊了。王国维还通过甲骨文认证司马迁误"康丁"为"庚丁"，误"文丁"为"大丁"。

王国维通过甲骨文的研究纠正了司马迁《史记》中的错误，可谓功在千秋。

由于弄清了甲骨出土的地点，从1928年秋到1937年夏，中央研究院历史语言研究所考古组在著名考古学家董作宾等人的主持下，在小屯村一带进行了长达10年的15次考古发掘，不仅先后发现了24900多片甲骨，还发现了商代后期的宫殿遗址、宗庙遗址和王陵区，出土了大量珍贵的铜器、玉器、陶器，从物质文化上提供了殷墟为商代王都的证据，又一次震动了中外学术界。

董作宾（1895—1963 年），南阳人，自幼学习"四书""五经"及诸子百家学说。

1928 年 10 月，董作宾在安阳小屯村殷墟首次发掘中便获得甲骨残片 784 件，先后 15 次参加殷墟发掘，为我国考古工作付出了大量心血。此外，他曾参加山东城子崖考古发掘，从而发现了龙山文化。

1932 年 3 月，董作宾发表了《甲骨文时代研究例》，确定了识别甲骨片上殷代文字分期的十个标准。

董作宾通过对甲骨文进行全面系统的研究，发表了一系列重要论文和专著。他最早提出甲骨断代的十个标准，主持研究了殷代帝王世系年谱、殷先王称号、殷王姓氏、铭文所述人物、铭文语法结构、铭文表意标准、铭文书写形态等重大课题，取得了举世瞩目的成就。

抗日战争时期，董作宾随历史语言研究所迁往长沙、桂林、昆明、南溪等地，并主持该所工作，继续研究殷代历法。1931 年董作宾编著出版了《卜辞中所见之殷历》，1945 年又编著出版了《殷历谱》，被誉为纪念碑式的著作。这都是在甲骨文研究上取得的成绩。

1948 年，董作宾担任中央研究院历史语言研究所研究员，并在同年当选为中央研究院第一届院士。

这年年底，董作宾不忍心和自己相伴多年的文物分开，不得已迁往台湾，担任台湾大学教授，为该校中文系讲授古文学，为历史系讲授殷商史。

1950 年，董作宾和友人一起创办《大陆杂志》，并担任中央研究院历史语言研究所所长，发表了《武王伐纣年月日考》一文。

1951 年后，董作宾先后编著出版了《西周年历谱》和《殷墟文字乙编》。 1955 年 8 月，董作宾应香港大学之邀，赴香港大学东方文化研究所任研究员，从事中国年历编写工作，并担任香港大学历史系名誉教授和崇基、新亚、珠海三书院教授。此间，他完成了中英文对照的《中国年历总谱》，并成为香港甲骨文学术研究的导师。

郭沫若（1892—1978 年），四川乐山县

人，我国现代著名无产阶级文学家、诗人、剧作家、考古学家、思想家、古文字学家、历史学家。郭沫若从 1928 年开始着手研究中国古代社会时，即注意分析甲骨文资料，从中取得证据，发现新的线索。

1928 年 6 月，郭沫若在日本东京书店看到了王国维所著《殷墟书契考释》一书，受到启发，从此开始了他的甲骨文研究。郭沫若几乎访遍了日本所有的甲骨文收藏者，掌握了大量的实物资料。1929 年 8 月，郭沫若《甲骨文字研究》一书写成。此前，他所著《中国古代社会研究》一书中就已经收录了他的《卜辞中之古代社会》一文。从此，郭沫若的甲骨文研究进入巅峰时代。

1932 年，郭沫若在日本访求公私各家所藏殷墟甲骨，所见约 3000 片，拟辑为一书，但多未拓存，没有成功，便另辟蹊径，选释传世甲骨编成《卜辞通纂》一书，1933 年在日本东京出版。

1958 年，此书在中国曾作为《考古学专刊》问世，由作者加了校语、注释，并在考释方面吸收了一些专家的意见。科学出版社对此书作了编辑加工，并为之重编索引。书中拓本、照片也有所更换，对一些不清晰的部分则附以摹本。

1983 年，此书列为《郭沫若全集》考古编第 2 卷出版。

此书分干支、数字、世系、天象、食货、征伐、畋游、杂纂 8 部分，共选甲骨 800 片。除选自当时已印行的著录外，还使用了马衡《凡将斋藏甲骨文字》等拓本。

此书书后所附"别录之一"包括中央研究院藏大龟四版、《新获卜辞》拓片、何遂藏甲骨拓片三项；所附别录之二则收录日本收藏的部分甲骨，题为"日本所藏甲骨择尤"。

此书所选均为甲骨精粹，为研习卜辞提供了很大的便利。

此书考释精详,代表了郭沫若对甲骨的见解，多有创获。如本书序言及后记所论商王世系中的阳甲，以及帝乙迁沫的问题，对于研究商代历史文化都是很重要的。

《卜辞通纂》初版印数较少，但发行后流行甚广，受到学术界的普遍重视，成为甲骨文研究领域里最有影响的著作之一。

郭沫若从事甲骨文研究主要是在日本的十年流亡时期，以及新中国成立前后。他虽然起步较晚，但是起点高，方法新，因而成绩十分可喜。郭沫若在甲骨学方面著作的主要贡献是根据商代社会历史研究的需要，精选殷墟发掘出土的甲骨，按照一定的类别汇编成书，并进行简明的考释和适当的归纳，通过甲骨文考察当时的生产状况、社会关系和意识形态，从而把零散的甲骨文变为系统化的商史研究资料。

1978 年，郭沫若担任主编、胡厚宣担任总编辑的《甲骨文合集》开始陆续出版。这是甲骨学发展史上新的里程碑，贡献突出。

《甲骨文合集》对自甲骨文发现八十多年来已著录和未著录的十几万片甲骨材料进行了系统的科学整理，广泛搜集全部出土的甲骨资料，加以分期分类，汇于一书。此书共收甲骨 41956 片，编为十三册，1978 年至 1983 年陆续由中华书局出版发行，为研究甲骨文和商代历史提供了系统的资料。

此书是中国殷墟甲骨的大型汇编。编辑工作从 1960 年正式开始，到 1983 年 1 月全部出齐。《甲骨文合集》包括中央研究院殷墟发掘所得及国内外收藏的甲骨和拓本，其中相当一部分是第一次发表的。在编辑过程中，进行了辨伪、去重、缀合等工作，使《甲骨文合集》成为新中国建立前所发现甲骨的最丰富的结集。

《甲骨文合集》采用分期分类的编排方式，将甲骨分为 5 期：第一期，武丁及其以前；第二期：祖庚、祖甲；第三期：廪辛、康丁；第四期：武乙、文丁；第五期：帝乙、帝辛。每期又依社会历史内容分为"阶级和国家""社会生产""思想文化""其他"几大类，便于查检。

徐中舒是我国著名的历史学家和古文字学家，早年考入清华研究院，师从王国维、梁启超等著名学者，认真学习中国古代史和汉语古文字学。徐中舒先生继承名师学风，学路甚广，在先秦史、汉语古文

字学、考古学、民族学、地方史等方面造诣极高，著述甚丰，硕果累累，在我国学术研究领域里作出了巨大的贡献。

甲骨文十分艰深，一般人视为天书。甲骨文的研究涉及许多相关学科，因此要想在甲骨文研究方面取得成绩是不容易的。而徐先生不畏艰难，锲而不舍，终于在这方面取得了举世瞩目的成就。

《甲骨文字典》是徐先生在古文字研究方面的主要成果。自殷墟甲骨文被发现以来，出土的十万余片甲骨的主要部分已著录成书，目前发现的甲骨文单字数目已经超过五千。经过学者们数十年的不懈努力，目前已能认识其中的一千多个字了。其余尚不认识的字大多是人名、地名等专有名词，对通读甲骨刻辞并无太大的影响。因此可以说，我们目前已基本上可以通读大多数甲骨刻辞了。

为了便于甲骨文及相关学科的深入研究，从 20 世纪 30 年代开始，就有学者编纂甲骨文工具书。

关于这方面的代表作，在字形方面主要有 20 世纪 30 年代孙海波先生编纂的《甲骨文编》和 60 年代金祥恒先生在此书基础上修订而成的《续甲骨文编》。这两部书在甲骨文字字形的整理方面作出了重要的贡献，深受读者欢迎。

在甲骨文字的考释方面，成书于 60 年代的李孝定先生的《甲骨文集释》最具代表性。该书网罗众说，评论折中，时有新解，堪称一部有相当学术价值的有关甲骨文字释义的大型工具书。

但是，上述工具书各有侧重：《甲骨文编》和《续甲骨文编》只罗列字形，并无解释，不便于初学者；《甲骨文集释》罗列众说，以释义为主，而字形简略，让读者无法了解文字发展的脉络。

20 世纪 60 年代以来，甲骨学取得了很大的进展，有不少成果问世，亟待整理汇集，以利于学术研究。在这种情况下，人们急需一部全面反映甲骨文研究新水平的大型工具书。于是，《甲骨文字典》应运而生了。

《甲骨文字典》广泛吸收了最新的研究成果，融入了徐先生数十年研究甲骨文的重要收获。该书体例独创，释义精辟，举例恰当，有以下独到之处：

其一，兼采甲骨文工具书各书之长，独创最先进的编纂体例。该书对甲骨文字的解释分为字形、解字、释义三部分，字形部分收录有代表性的甲骨文字形，解字部分解说甲骨文字的本义及其引申假借义，释义部分列举各类有代表性的词条以说明所释各字在殷商时期具体语言环境中的各种词义。这三部分有机结合，互为表里，使读者能通过该书对甲骨文有一个全面深入的了解。

其二，在字形的收集上先汇集全部甲骨文字，从其中选出有代表性的字形。因此，该书所收字形虽然不是太多，但却能以一当十。字形的排列按时代先后分五个时期依次系于各字头之下，使读者了解各个不同时期甲骨文字发展演变的脉络和各个时期的不同字形、书体风格，便于全面深入掌握甲骨文字形。这是此前任何一部古文字工具书所没有的，为徐先生之独创。在字义的解释方面能实事求是，博采众家之长，不囿于一说，同时又融入了徐先生数十年研究甲骨文的学术成果，综合形、音、义三方面全方位考察，颇多创获。

其三，该书在甲骨文的考释上充分体现了徐先生科学的考释方法，强调文字之间的相互联系，解决了许多长期以来未曾解决的学术问题。如以前的学者未曾充分注意到甲骨文"小"与"少"本是一个字，因而只释出甲骨文中从"小"的合文，如"小甲""小乙""小王""小臣"等，而对许多从"少"的合文却未能指出。该书从古文字的基本特点入手，指出"小"和"少"本为一字，突破了字形上的束缚，释出从"少"的"小甲""小母"等合文。又如甲骨文的"弁"字，徐先生早年曾考释过。当时，限于考古发掘，只能从文献和字形变化上来论证。而《甲骨文字典》则将殷墟妇好墓新出土的考古材料与甲骨文字形相结合，对该字作了更为全面的考释，并证明徐先生早年的结论是正确的。

1999 年 12 月 15 日，在纪念甲骨文发现100 年之际，徐州教育学院美术系副教授潘岳写成一部全面破译甲骨文字的专著《三千未译甲骨文集解》，由中州古籍出版社出版。

在已经发现的全部甲骨文字 4500 多字中，近百年来经罗振玉、王国维、董作宾、郭沫若等数十位甲骨文字学家的考释，人们

已经认识了其中的 1000 多个甲骨文字了。但剩下的 3000 多个字被称为"天书"，无人能加以识别。

《三千未译甲骨文集解》一书解决了这一难题，破译了 3000 个甲骨文字。潘岳说全部甲骨文字都是卜辞，是殷商 600 年占卜文化的信息载体，是按阴阳相合的规律造出来的。

《三千未译甲骨文集解》依照作者独创的逻辑理论，对每一个甲骨文字的直接关系和旁系属性进行了一系列的考证和诠释，推断出中国有文字记载的历史不是始于殷商时代，而是神话传说中的黄帝时代，这就将中国有文字的历史追溯到 8000 年前了。

殷人重阴，还保存着大量的母系氏族社会的残余，因而能释读并使用这些文字。后来，男性占据了社会上的绝对统治地位，人们的思维方式完全改变了，因此难以破译甲骨文。

潘岳痛感沿袭前人破译甲骨文之路已经走不通了，遂掉转头来，由甲骨文这一载体本身探索中国母系氏族的社会生活与古代文明，终于豁然开朗，使甲骨文释读这一令人头疼的难题迎刃而解。

潘岳用了近 40 年工夫将未释甲骨文全部破译。他探索出古代造字方法 40 种，发现古文字标型码 64 种，并确认出甲骨文中有 800 多字是殷商以前的文字。

六、甲骨文出土博览

新中国成立后，考古工作者在国家和人民的关怀下，物质条件大为改善，精神振奋地投入考古工作。考古工作得到了很大的发展，取得了可喜的成绩。

经过多次调查和发掘，考古工作者终于弄清了殷墟的范围和布局：位于河南省安阳市区西北郊的殷墟以小屯村为中心，东西约 6 公里，南北约 5 公里，总面积 30 平方公里左右。

安阳洹河南岸的小屯村一带是殷王居住的宫殿区，考古工作者在这里发掘出宫殿基址数十座，最大的一座面积达 5000 平方米。

洹河北部是殷王陵墓区，考古工作者先后在这里发掘出十几座大墓、一千多座小墓以及大批祭祀坑。

考古工作者在宫殿附近发现了两座甲骨文档案库和铸铜、制玉、制骨、烧陶等手工业作坊遗址。

殷墟发掘延续时间之长、规模之大、收获之丰是中国考古史上所罕见的。

1976 年春，在宫殿区附近的小屯村北偏西 100 米处发掘出中国历史上第一位女将军妇好的墓葬，令考古工作者极为振奋。

据出土的甲骨文记载，妇好是商王武丁的王后，智勇双全。有一年夏天，北方边境发生战事，双方相持不下。妇好自告奋勇，要求率军出征，武丁对此事犹豫不决。后来，经占卜后，武丁才决定派妇好挂帅，结果大胜而归。武丁大喜，全国一片欢腾。此后，武丁让妇好担任商军统帅，负责国防。妇好率军南征北战，东伐西讨，打败了周围的 20 多个方国。

有一片甲骨卜辞上说，妇好在征讨羌方时，统率了 13 万人的庞大队伍，这是迄今已知商代对外用兵参战人数最多的一次。

妇好墓是殷墟发掘的唯一保存完整的

殷代王室墓葬，出土的很多器物上都刻有铭文，是唯一能与甲骨文、历史文献相印证，从而确定了墓主身份、年代的商代王室墓葬。

为了纪念殷墟考古的重大发现，1987 年秋，安阳市在宫殿遗址区东北部修建了一座殷墟博物苑，复原和再现了 3000 年前殷王宫和一些建筑的风貌，向中外人士开放。

在殷墟考古史上，甲骨文曾有三次重大发现：

1936 年 6 月 12 日，在小屯村北宫殿区发掘出一个甲骨坑，坑中保存有带字甲骨 17096 片，记录了商王武丁时期的许多活动。这里是武丁王室的甲骨文档案库，保存完好。这批甲骨的出土对考证武丁时期的社会政治、经济、文化、生活有极其宝贵的价值。

1973 年，在小屯村之南又发掘出甲骨 7150 片，其中刻字甲骨有 5041 片。与这批甲骨同时出土的还有陶器制品，这种甲骨与陶器共存的现象为甲骨文分期及殷墟文化分期提供了珍贵的资料。

1991 年秋，在花园庄之东发掘出一个仅 2 平方米的甲骨坑，但其叠压厚度深达 0.8 米，出土甲骨 1583 片，其中刻字甲骨有 579 片。甲骨上记载的内容十分丰富，而问卜者却都是武丁时期的王族成员和高级贵族。这说明在这些甲骨使用时期，占卜活动已不限于最高统治者国王，王室贵族也可以利用占卜来预测吉凶了。

甲骨文的发现以及由此引发的殷墟考古发掘，对中国考古学具有划时代的意义。

此前，学者们只是在书斋中研究碑文和铜器铭文，从不到田野里去考察和发掘。中国的田野考古始于 1921 年对河南渑池县仰韶村遗址的发掘，然后是 1927 年开始的在北京周口店猿人遗址的早期发掘。但这两处考古发掘都不是由我国学术部门独自承担的，而是由当时政府聘请外国学者主持，或由中外学术单位合作进行的。真正由中国学术机构独立进行的田野考古始于 1928 年中央研究院历史语言研究所考古组对殷墟的首次发掘。

殷墟甲骨文考古发掘对中国田野考古学的产生和发展起到了奠基的作用，

中国老一代的考古工作者绝大部分是在殷墟考古工地上成长起来的，而新中国成立以后的新一代考古工作者又基本上是由他们培训出来的。因此，殷墟堪称中国田野考古学的诞生地，甲骨文是现代考古学的催生婆。

除殷墟外，考古工作者又先后在河南省郑州市二里岗、山西省洪赵县坊堆村、陕西省长安县张家坡、北京市昌平县白浮村、陕西省岐山县凤雏村和扶风县齐家村、陕西凤翔周公庙、山东济南大辛庄等地发现过一些商、周时期的甲骨文。进一步丰富了我们对甲骨文的认识。

河南郑州二里岗是商代中期文化遗址，其时代早于殷墟文化并与殷墟文化相衔接。1952 年秋，中国科学院考古研究所的考古训练班在当地发掘时曾发现占卜用的兽骨 375 片、占卜用的龟甲 11 片，但未发现文字。

后来，河南文物工作队在这处遗址中发现了有字甲骨 3 片。其中一片是 1953 年 4 月发现的。这是一片牛肋骨，上面刻的是练习契刻的十个字，文字和殷墟出土的甲骨文大体相似，可能和殷墟甲骨属于同一时期。另外一片是 1953 年 9 月发现的，这是一片扁圆状的牛肋骨骨片，出土于离地面半米左右的地层中。它的一面为平底，一面凸起，在凸起的一面刻着一个（之）字，为殷墟甲骨文中常见的字。第三片是 1954 年 4 月发现的，这是一条带有小孔的薄骨片，上面也刻有一个字。

专家认为这三片甲骨可能是王室以外的贵族日常使用的卜骨。

1954 年，山西洪赵县坊堆村的周代遗址中也发现了有字甲骨。这时，人们开始认识到甲骨文并不只是商代才有。

洪赵县坊堆村发现的有字甲骨仅为一片，骨的背面臼部被削去三分之一；靠近臼处有钻窝 16 个，不规则地排列成数行；中下部靠近左边处另有钻窝 5 个，形成纵列一行。卜骨正面相当于背面钻窝处有经过灼烧后显出的卜兆，兆旁刻有 8 个甲骨文字。对于这片甲骨的时代，有人认为是春秋或更晚时期，有人认为应属西周初期。

1956 年 1 月，陕西文管会又在西周长安丰镐遗址的张家坡发现了西周的有字甲骨。这是

一块肩胛骨的柄部，背面靠边处有3个钻窝，钻窝边有极细的凿孔。正面相当于钻凿处均有卜兆，卜兆附近刻有极细的两行文字，一为竖行，一为横行。

随后，考古工作者又在同一地区发现了另外一块兽类肢骨，其上部相当于钻孔的正面也刻有笔划极细的文字。

陕西长安张家坡遗址先后共发现3片有字甲骨，共刻有30字。

1975年，北京市昌平县白浮村周初燕国墓地也出土了两批甲骨。

其中一批出土于一座墓葬的人骨左上方，共10片，全是卜甲碎片，有腹甲也有背甲。其中刻有文字的共2片，分别刻有"贞"和"不止"等字。

另一批出土于另一座墓葬的椁室右侧中部，约有100多片，均为卜甲残片，腹甲、背甲均有。其中有文字的共3片，一片刻有"其祀"二字，一片刻有"其尚上下韦驭"六字，第三片刻有"史告"二字。

这一燕国墓葬遗址出土有字甲骨5片，共13字。

以上几处周代甲骨的发现，使人们对于甲骨文的认识大为改观。不仅在西周的京畿地区有甲骨文出土，而且在周的晋、燕等封国也有甲骨文被发现。

陕西省周原考古队的考古工作者，在对岐山县京当公社凤雏村西周宫殿建筑基址进行发掘时，在窖藏中发现了占卜用的甲骨17000多片。其中卜甲16700多片，均为龟腹甲；卜骨300多片，均为牛肩胛骨。这批甲骨经过清洗整理，共发现有字甲骨289片，总共刻有903字，其中合文字12个。

这批甲骨大多数为周初卜甲，也有少数属于灭商以前的商代晚期。甲骨上的刻辞内容极其丰富，广泛涉及到灭商以前到西周初年的政治、经济和文化等各个方面。

这批甲骨发现后，很快引起人们的注意和重视，有关周原甲骨的讨论和研究从各个方面迅速展开。例如，有一些研究人员对这批甲骨的字形、孔型和刻辞中的人名、官名、方国名、地名以及有关周初历法等一些问题进行了探索。

学者们根据这批甲骨资料，结合殷墟甲骨文中的有关资料探讨了灭商以前的商、周关系，根据这批甲骨资料论证了周原甲骨中"楚子来告"一片应为楚人先祖鬻熊投奔西周的原始记录。还讨论了这批甲骨的分期与断代问题和甲骨的来源问题，也研究了有关方国的一些问题。

这批甲骨不仅受到国内学者的重视，也引起了国外一些学者的极大兴趣，纷纷撰文参加讨论。

陕西省扶风县齐家村也于1979年发现西周甲骨22片。其中有字甲骨6片，共102字。这里出土的一块带有刻辞的较为完整的龟腹甲，仅缺甲尾和甲桥部分。此甲背面共有方形凿孔35个，正面刻有卜辞4条23字，均在卜兆附近。这片龟腹甲较大，不像过去出土的西周有字龟甲均很碎小，对其特征的观察受到较大局限。这些甲骨开阔了人们对于周原甲骨原有面貌的认识。

2003年12月14日，北京大学教授徐天进在陕西周公庙附近进行田野考古调查时，发现了两片有刻辞的西周卜甲，经辨识共有55字。

这一重大发现立即引起学术界和国家文物局的高度关注。后来，由陕西省考古研究所和北京大学考古文博学院联合组成了周公庙考古队，对周公庙一带进行了大面积的考古钻探和抢救性发掘。在前期的考古发掘中，共清理出3座西周时期的卜甲坑。考古专家们对出土的甲骨进行了仔细的研究，将760多片卜甲拼对缀合为500多片，经拼对缀合后发现有刻辞的为99片，可辨识的文字达495字。刻辞内容多与军事、祭祀有关，出现最多的人名是"周公"。而地名中以"周"与"新邑"最为常见。这些发现，为研究当时的卜甲整治、刻辞文例提供了直接的文字数据，也为判定周公庙遗址的历史年代提供了文字证据。有"中国商周考古第一人"之称的著名考古学家、北京大学博士生导师邹衡教授说："周公庙甲骨文的大量出土，就其学术意义而言，堪与上世纪河南殷墟遗址的发现相比肩。"

2008年9月至12月，周公庙考古队在以往考古的基础上，对周公庙门前一处大面积灰土遗址进行了考古发掘，出土卜甲共计7000多片，有刻辞的甲骨

688 片，上面有甲骨文 1600 余字。考古队组织技术人员对这些卜甲进行了详细的清理、拼对、缀合、照相，在显微镜下仔细观察，并聘请国内著名古文字专家前来帮助辨认。在可辨识的 1600 多字中，有"王季""文王""王"等周王称谓。其中"王季"是首次发现，据推断这个名字就是指文王的父亲季历。陕西省考古研究院院长、周公庙考古队队长王占奎介绍说："据说周文王出生的时候有盛瑞，也就是说有吉祥的征兆，因此文王的爷爷就决定传位于最小的儿子季历，以便通过他把王位顺利地传给周文王。"

目前，周公庙遗址出土的甲骨文中发现的文字已经超过了 2200 个，是全国 8 处发现周代甲骨文地点中最多的。根据专家的解读，这批甲骨文上还有"毕公""叔郑""周公""召公"等重要历史人物以及数字卦辞等内容。专家们认为周公庙大量甲骨文的揭秘，为明确周公庙遗址的性质和甲骨文研究奠定了重要基础，尤其是首次发现周文王的父亲"季历"这一名字，对进一步完善西周诸王年表有重要意义。

大辛庄遗址位于山东省济南市历城区，这里是一处以商文化为主要内涵的古文化遗址。

大辛庄遗址发现于 20 世纪 30 年代，备受人们关注。山东省文物管理部门和山东大学等多次对该遗址进行调查和勘探，初步探明遗址面积为 30 多万平方米，是山东已知面积最大的一处商代遗址，在考古学上具有重要地位。

2003 年 4 月 8 日，在济南举行的大辛庄遗址重大考古发现新闻发布会上，主持考古发掘的山东大学考古系教授方辉欣喜地介绍说，考古工作者不负众望，不辞辛苦地发掘了大辛庄遗址的东南部，共开掘 30 个探方。这次发现的商代甲骨文集中出自 4 个探方的商代文化层中，已清理出有字卜甲 8 片，其中有 4 片可拼合成为 25 字的一版，由兆辞、兆数和前辞组成。据初步研究，其内容是对某位"母"进行祭祀占卜的记录。不论是甲骨修整、钻凿形态，还是字形、文法都与安阳殷墟卜辞属于同一系统。

根据出土层位、文字特征和其他资料综合分析，大辛庄甲骨文的年代不晚于殷墟文化三期，距今约 3200 年。

"中国夏商周断代工程"首席科学家李学勤教授说："这是自殷墟后首次发现的商代甲骨卜辞，是甲骨文发展中的一个界标。考古界一直在苦苦寻找的殷墟主体区域外的甲骨卜辞终于有了一个令人振奋的结果。"主持考古活动的山东大学考古系方辉教授介绍说，山东大学、山东省考古所与济南市考古所组成了大辛庄遗址考古队，于 2003 年 3 月 17 日开始在大辛庄遗址展开了考古工作。3 月 18 日，在 T2302 探方距离地面 45 厘米的深度发现了一片刻有符号的甲片，上面有两个编号，还有一个残缺的文字样刻痕。方辉教授初步判断，甲片上的符号是甲骨文，但对残缺的文字还不能进行准确的辨认。19 日又发现了一片刻有 3 个文字的甲片，但从这孤立的甲片上，考古人员还判断不出文字的内容。20 日发现了一个刻有残缺文字的小骨片。以上 3 块带有文字的残片的出现，令考古人员充满了信心。方辉教授推断说："从土层分析，一定还会有更多刻有文字的甲片出现。"果然，24 日在 T2302 探方内又出土了 10 多片甲片。这些甲片都出土在距地面 50 厘米的同一个活动面上，其中有 5 片上面都有清晰的文字痕迹。3 月 25 日，经过清洗缀合，在 8 片有文字的甲片中，有 7 片甲片构成了一个几乎完整的龟腹甲，上面有 25 个清晰的甲骨文字。

方辉教授在查阅了有关资料后，对文字的具体含义进行了解释："25 个文字讲述了对'母'的祭祀，即要不要对'母'进行祭祀，如需要，将采用什么样的方式进行祭祀。从内容上看，25 个文字属于卜辞。它记录的事件发生在商代晚期的早些时候，距今大约有 3200 年的历史。"专程从北京赶来的李学勤教授竖起大拇指，兴奋地说："这次发现将打开一个甲骨文挖掘研究的新局面，很有可能将大辛庄的甲骨文作为研究甲骨文和商文化的一个重要分支。"国家文物局文保司宋新潮副司长说："这对于丰富、完善商文化体系具有重大的价值，大辛庄遗址可以申请国家级文物保护单位。"

一百多年前，殷墟首次发现商代甲骨文，举世震惊。此后，考古界一直苦苦寻找殷墟主体区域外的商代甲骨文，但一直没有突破

甲骨文

35

性发现。如今，大辛庄商代遗址又获重大考古发现，再次出土了商代甲骨文。

"中国夏商周断代工程"首席科学家李学勤教授显得格外激动。他说："这是我国考古界非常重要的一个日子。这是自殷墟首次发现甲骨文 104 年后的第二次发现，也是中国考古学史上具有界标意义的重大发现，必将对中国古代历史和甲骨文的研究产生深远影响。"

李学勤教授认为从出土的甲骨文卜辞看，大辛庄遗址是商王朝在东方的一处中心性聚落，很可能是一处方国都邑。这一发现对于重新审视大辛庄遗址的性质，认识商王朝与周边地区特别是东方地区的关系，探索商代的政治制度和社会组织，提供了极其重要的资料。

长期以来，考古界一直认为甲骨文是殷墟的独有文物，大辛庄甲骨文的出土打破了这一格局，也打破了长期以来甲骨文只在王室中流传使用的认定，说明更多的人在当时就已经接触和使用文字了。夏商周断代工程首席专家李学勤说："104 年以来在殷墟之外首次发现商代甲骨文，必将改写中国古代文明史。"

金文与青铜时代

中国青铜器代表着中国在先秦时期高超的技术与文化，具有极高的艺术价值。中国出土的大量青铜器，器形之完美，工艺之精湛，完全可以用鬼斧神工、精美绝伦、空前绝后等词来形容，不仅创造出辉煌的青铜文化，甚至还影响了古代文明和近代文明的发展。金文是指铸刻在青铜器上的文字，也叫钟鼎文或铭文，因铸刻在青铜器上而得以很好的保存下来，青铜器的发展对汉字传承具有深远影响。

一、青铜的特点

　　青铜时代也称青铜器时代或青铜文明，在考古学上是以使用青铜器为标志的人类物质文化发展的一个阶段。青铜的大量出现，青铜器物的广泛适用，使得人类古代文明在这一段历史时期得以大跨步地前进，呈现出辉煌灿烂的繁荣景象。青铜时代是由丹麦考古学家 G·J·汤姆森首先提出来的人类物质进化史上的分期概念，他认为世界上所有的古老文明都经历了石器时代、铜石并用时代、青铜时代和铁器时代。

　　那么，什么是青铜呢？所谓青铜，是指红铜和锡或铅配合而熔铸成的合金，因为颜色呈青灰色，故名青铜。由于是合金，青铜的熔点比纯铜（红铜）低，熔点在 700℃—900℃之间；而就硬度来说，青铜又比纯铜高些，为铜或锡的二倍多。熔化的青铜在冷凝时的体积略有胀大，所以填充性较好，气孔也少，可见，比纯铜的铸造性能要好。因此青铜铸造业飞速发展起来。青铜主要用来制作器具和生产工具。青铜铸造的工具具有一些红铜工具所不能担任的功用，它逐步取代了一部分石器、木器、骨器和红铜器等原始工具，而成为生产工具的重要组成部分。也是由于青铜器的出现，农业和手工业的生产力水平大大提高，物质生活条件也渐渐丰富，进而促进了社会各方面的快速发展。可以这样说，青铜生产工具的出现，在生产力的发展上起了划时代的作用。从此，虽然石器没有被完全淘汰，但石器时代终于被青铜时代所代替。

二、中国的青铜时代

（一）中国青铜时代分期

　　中国的青铜文化起源于黄河流域，距今约四千年至两千两百年，大体上相当于中国历史上的夏、商、西周三代和春秋时期，有一千五百多年的历史。中国青铜时代的发展、演变伴随着中国奴隶制国家的产生、发展及衰亡。由于青铜时代的年度跨越较大，因此要进行分期研究。有学者把中国青铜时代从商周至战国划分为鼎盛期、颓败期、中兴期、衰落期四个阶段；也有学者将这一时期划分为殷商前期、殷商后期、西周期、东周前期、东周后期五个阶段。中国地域辽阔，各地的青铜文化也各有自己的特点和风格，形成各自不同的地区类型。这里把中国的青铜时代简单地分为早、中、晚期发展阶段进行介绍。

　　早期：中国的青铜文化开始于四千年前，甘肃的齐家文化曾出土铜刀、铜凿、铜锥、铜斧、铜镜、铜指环、铜匕等铜器产品，应该是中国制造的最早的铜器（还有说是甘肃马家窑文化）。这一时期的典型文化是河南偃师二里头文化，年代大约在公元前 2080 年—公元前 1580 年间。加上山西夏县、山东岳石文化、辽宁长城东边的夏家店下层文化、黄河上游的四坝文化等，这几处地方都相继出现了品类繁杂的青铜制品，甚至在一些墓葬中还发现了人殉和人牲。对上述遗址进行放射性碳素断代年代，其结论正好在历史记载的夏王朝纪年范围内，所以这些遗址应属于夏王朝时期的奴隶制文化类型，证实了中国奴隶制国家当时已经形成。

　　中期：包括商代至西周前期。此时期的前一段，即商代早期，大约相当于公元前 16 世纪—公元前 13 世纪，以河南郑州二里岗文化为代表，辉县的琉璃阁、洛阳的东干沟等殷商时期的遗址也属于这个时代。此时期奴隶制国家进一步发展，青铜器数量大增，常伴有成套礼器、贝币的大

量出现，人殉、人牲更为普遍。根据最新的发掘成果，中国南方在商朝前期也进入了青铜时代，最有代表性的是湖北武汉的盘龙城遗址、湖南长沙的炭河里遗址、江西新干大洋洲商代大墓等出土的青铜器，证实了长江流域也有发达的青铜文明。后一阶段，是商代晚期至西周前期，大约相当于公元前13世纪—公元前10世纪（穆王以前）。商朝后期，以安阳的小屯村为中心，郑州公园区的上层、洛阳的泰山庙遗址和墓葬属于这个时代；周朝前期（即西周），西安市丰镐村地带、宝鸡西周时期的墓葬是这一时代的主要代表遗址。此时的中国青铜时代达到鼎盛，同时也是奴隶制发展的巅峰时期。这时的青铜文化以安阳殷墟为代表，这里是商王朝政治统治的中心，也是青铜铸造业的中心。此时兴建了大规模的宫殿及陵墓，有发达的金文与甲骨文，人殉与人牲成为一种制度极为盛行，凡此种种反映出奴隶制社会的繁荣。整个中期的时代特征是青铜铸造工艺已完善得相当成熟，从出土的大量精美青铜礼器、武器与工具中可见一斑。在西周的周原遗址和丰镐遗址中，发掘出周王朝的宫殿、宗庙和墓葬以及大量的青铜礼器，反映出中国古代社会的礼制已成熟。

晚期：从西周后期至春秋时期，是中国奴隶制社会逐渐走向衰落的阶段。春秋时期，以洛阳涧滨为中心，上村岭虢国墓、新郑郑墓、寿县蔡侯墓是这个时期的代表；战国时期，以洛阳涧滨为中心，辉县琉璃阁、固围村，长沙和唐山的战国墓地属于这个时代。这一时期的列国都城形成繁荣的政治经济文化中心，金属货币大量流通。青铜铸造工艺取得突出发展，出现了分铸法、失蜡法等先进的工艺技术。在湖北铜绿山发现的古铜矿，证实了我国古代在采矿、配矿、冶炉砌筑及冶炼方面均达较高水平，领先于世界同期其他民族。到了战国时期，随着铁器的推广，青铜制造业才逐渐衰落。

当时在中国的边远地区，还同时存在着几处具有地方特色的青铜文化。如甘青地区，民族杂居造成文化复杂多样，产生了辛店文化、沙井文化与寺洼文化等，其中寺洼文化与西周文化有密切的渊源关系；而在北方地区有夏家店上层文化，出土的青铜短剑具有地方特色，出土的青铜礼器还带有相当浓厚的中原文化特征；从商周至秦汉，在内蒙古鄂尔多斯草原流行着鄂尔多斯式青铜器；东南地区的浙江、福建至台湾等地，直至西周末期才产生青铜文化，出土的青铜武器等与西周风格十分相似；两广、四川、云南等地区的青铜文化，既有地方特征，又有中原文化的风格。总之，各地区的青铜文化不同程度地受到中原青铜文化的影响，同时具有本地的特色。此外，中国的青铜文化在发展过程中，还与周围的文化存在着广泛的交流，如曾与北方蒙古大草原和西伯利亚的青铜文化有过接触，晚期与东南亚青铜文化一直存在密切联系。

（二） 中国青铜时代的特点

中国的古老先民用其勤劳与智慧在青铜时代创造了独步世界的青铜文化。

青铜主要用来铸造礼器和生产工具。作为生产工具，在商前期的炼铜遗址中发掘出来的可辨认的铸范中，锛范为数不少，虽然青铜的生产工具在早期的随葬物中较少，但我们在出土的商初青铜器中，仍看到生产工具占相当比重，说明在商代的手工业中，青铜工具如斧、锯、凿、锥等已广泛使用，青铜兵器也日益增多。至于青铜农具，虽然奴隶主不会为奴隶们提供，但在当时，还有一部分作为自由民的农民，他们都会拥有，历年出土的青铜农具有锄、铲等，这说明青铜的大量使用主要还是制作生产工具。青铜工具在生产中的效用，使青铜冶铸技术日益重要，因而能获得飞速的发展。人类在石器时代是单纯以岩石为原料制成工具去改造自然。青铜冶铸业的出现，表明人类能够从矿石中提取金属，再用它去制造工具，用于改造自然。这是生产力发展到一个新阶段的标志，也是科学技术进步的一个重要标志。青铜业的发展，又促使百工出现，并带动各个行业一起兴盛起来。商代社会，正是由于青铜业的发展，才创造了灿烂的青铜文明。

此外，中国青铜器还带有特殊的社会发展的印记。这是中国青铜时代不同于世界其他国家的青铜时代之处。其独特性主要表现在两个方面：

第一，中国青铜时代与世界其

他国家的青铜时代一样，青铜不仅用于铸造工具、生活用具、装饰品，还被大量地用来铸造武器。但值得注意的是，青铜武器在作为中国青铜时代开端的二里头文化时已出现，正与历史文献记载的第一个王朝——夏王朝存在的时间相应，因此学者们相信，在中国青铜武器的出现亦意味着作为国家机器的军队的建立。这说明，在中国青铜时代，青铜器不仅应用于物质生产，也直接影响到了社会政治层面。

第二，大批的青铜容器被用作礼器，这是中国青铜时代青铜器与社会政治密切相关的另一重要特点。从出土和传世的大量青铜器可见，古老的块范铸造技术在远古的中国已经发展到了登峰造极的地步，对青铜的铸造工艺如此重视，说明青铜器在中国先民的生活和精神体系中占据着举足轻重的地位。可以这样说，古代青铜器与青铜工艺的演化，不仅是中国人的物质进化史，更是中国人的精神进化史。

现有的文献与考古资料可以显示，在商周社会成员中存在着严格的等级制度，在贵族与庶民间等级制度已发展为阶级差别。在贵族阶级内部，不同等级的贵族则依其等级高低而具有不等的政治权力与经济地位。等级制度的区分是为了保证贵族阶级对庶民的统治，对贵族来说也是为了使政治、经济利益在统治阶级内部能够得到有序的分配。在贵族宗族组织内，等级制度与宗法制度相关联，成为维护宗子对族人统治地位的工具。此种等级制度是通过多种具体的仪式化的行为规范体现出来的，东周以后，贵族阶级将此种反映等级制度的行为规范称为"礼"。

古代文明体制的核心，即所谓的"礼乐征伐自天子出"以及"国之大事，在祀与戎"，无不与青铜文化有着千丝万缕的联系。《左传》宣公十二年记晋随武子论礼治曰："君子小人，物有服章，贵有常尊，贱有等威，礼不逆矣。"其大意是说：君子小人按其地位的高低各有不同规定的衣服、色彩，贵者有一定的制度仪节示以尊重，贱者则有一定的等级示以威严，这样的礼不能随意违背。尽管这是东周时的"礼"，但礼的实质性内容在东周以前的西周、商代，甚至更早时候即已出现，只是不同的时代有不同的表现形式而已。在这种等级社会中，一部分青铜容器被用于贵族间各种礼仪活动，为维护礼治服务，成为礼治的工具，故被称为礼器，主要是用于贵族的婚媾、宴享、朗聘、会盟等活动，或专用以铭功颂德，这一类不在少数。青铜材料的稀有和青铜铸造工艺的先进性，使得它与陶器、木器和石器等沉沦于日常物用的器具走上了截然不同的发展道路。青铜鼎、簋、尊、盘、爵等作为食具、酒具、盛水器等实用功能与作为礼器在先民精神生活中标出的意义是互为表里、融贯一致的。可以说，没有古代青铜器，就不可能有商、周以来文质彬彬的贵族等级体制和先秦时代独具特色的权力表达系统。

礼器的用途多是用于祭祀这种礼仪活动。祭祀是向神灵求福消灾的传统礼俗仪式，也意为敬神、求神和祭拜祖先，是沟通人、神，使人间秩序神圣化的中心环节。青铜器在祭器中占据了很大份额，是贵族宗室内部族长和作为天下"共主"的天子主持祭祀必备的礼器。对于王与诸侯之类国家统治者，如《左传》成公十三年所言"国之大事，在祀与戎"，祭祀祖先以及其他神祇是维护政治统治权力之保障，各级贵族尤其重视祭祀家族先人以庇护自己的家族。同时，在贵族宗族组织内部作为大小宗的各级族长也以主持祭礼作为强化宗子权力的手段，族人之间以参加祭祀作为敦睦亲族情谊的方式。

青铜礼器既被作为礼治的象征物，则各级贵族在使用礼器的种类、数量上一般都是有较严格限制的，种类与数量的多少也就标志着贵族等级的高低。所谓"钟鸣鼎食"，即表示了家族人丁兴旺、仆役众多的庞大场面。所以拥有青铜器物的多寡成为贵族显示自己身份高贵的标志。在当时的社会生活中，人们的观念是"事死如事生"，贵族死后一般亦要将本人生前所用的礼器随葬，使他得以在阴间使用。这也属于葬礼的一部分，故从随葬青铜礼器的多少亦可推知墓主人生前的等级地位。

在当时，青铜礼器不仅可以标志贵族个人的等级地位，作为古代礼治社会政治、经济权力的象征，王、侯所制造的鼎、簋也被视为国家权力合法性的来源。传说大禹"收九牧之金，铸九鼎，铸鼎于荆山下，各象九州物"是一匡诸侯、统治中原的夏王朝立国的标志。而"夏后氏失

之，殷人受之；殷人失之，周人受之"，则是表明每一次王朝的代兴，"九鼎"便随之易手，流转到不同的统治者手里。《左传》旺公三年记楚庄公向周定王使者"问鼎之大小、轻重焉"，即把九鼎看做是周王朝政权的同义语，使得"问鼎"一词成为觊觎国家权力或泛指试图取得权威支配性的经典说法。此外，当时消灭一个王朝或诸侯国，往往要"毁其宗庙，迁其重器"（《孟子·梁惠王下》），这里所说的重器即主要是指王室或公室宗庙中的大型青铜礼器，足可见青铜重器被看做是与宗庙并为国、族存立的象征。

另有一个小故事则表明青铜器一直被视为尊贵的宝物。青铜器常自铭为"宝尊""宝鼎"，汉代就把青铜器的出土视为"祥瑞"之兆。据《汉书·武帝纪》记载，汉武帝"因得鼎汾水之上"，竟将年号改为"元鼎"。若从汉武帝把铜鼎奉为神物这一历史性事件算起，中国人收藏青铜器的历史已长达两千余年。

综上所述，中国青铜时代的特点，即是青铜器的重要性不仅表现于它在社会物质文化发展中的重要作用，而且突出地表现于它对社会政治生活的巨大影响。一方面青铜被大量铸作为武器，因而与国家机器之一的军队的存在相联系；另一方面青铜容器被贵族用作礼器，成为维护等级制度的工具，甚至被作为政权的象征。从这个意义上讲，确实可以说"中国有铜时代的最大特征"即是著名学者张光直先生所言的"青铜便是政治和权力"。

在青铜时代，中国已有了发达的农业和手工业，并且汉字也已经发展成熟。中国是世界上铁器和青铜器发明较早的地区之一。中国青铜时代和早期铁器时代的青铜艺术品，显示了绵延一千五百多年中国青铜器的萌生、发展和变化的历史。

（三）中西方青铜文化的联系与区别

根据考古发现，西方最早进入"青铜时代"的历史有六千多年。而中国进入"青铜时代"的历史只有四千多年，从表面上看，这似乎意味着中华文明应

中国古代文字

该晚于西方。然而许多史学家却坚信"中华文明早于西方"的说法,这又是怎么回事呢?

对于这种现象,文化人类学家、民俗学家林河先生曾给过这样的解答,他认为"发现"与"理解"是不能画等号的,"发源"与"文明"也是不能画等号的。举个例子,有一个勘探队员在某地找矿,看见几个小孩在玩"斗石头"的游戏,他问:"怎么个斗法?"小孩答道:"谁的石头能将对方的石头划破了,谁就是胜方。"勘探队员看了看胜方小孩的石头,不禁大吃一惊,它是价值连城的特大型钻石啊!忙问小孩:"这样的石头你这里多不多?"小孩说:"多呢!"便回到家中取出好几颗"石头"送给了勘探队员,而勘探队员则因此为国家找到了一处重要的矿藏。在这种情况下,究竟小孩是发现家,还是勘探队员是发现家呢?假若国家要对他二人进行奖励的话,把桂冠戴在第一发现人(小孩)的头上,这钻石将永远是一块供小孩作游戏的顽石,把桂冠戴在第二发现人(勘探队员)的头上,这钻石就马上会为国家创造出许多财富。从这个角度来说,又怎样断定谁应该是冠军,谁应该是亚军呢?

西方盛产铜矿,许多地方含铜矿物就裸露在地表,原始人只要在地面上燃起篝火,便会还原出铜来。好奇的原始人,只要用石头敲打这种从火中烧出来的怪东西,便会打造出各种形状的"工艺品",因此,他们的金属时代当然会出现得更早一些。中国的铜矿资源大都深埋在地下,极少裸露在地表,只有等生产力进步到了能够凿井开矿的时代,才有可能利用铜矿石铸造出铜器来。只有在发明了合金技术后,才能制造出青铜器来。这就是中国青铜时代的历史为什么会晚于西方的根本原因。但是历史证明:西方并非因盛产铜矿而创造了青铜艺术的辉煌,倒是铜矿资源贫乏的中国把青铜艺术推向了顶峰。

众所周知,金属只有在封闭性能与通风性能都很良好,且在温度能够达到相当高的条件下才能够熔化。中国在一万五千年前的旧石器时代就已经发明了烧制陶器,湖南石门县皂市下层文化和安乡县汤家岗遗址就出土了距今六七千年的精美白陶。其实烧制陶瓷也需要极其苛刻的条件,没有1000℃的高温,是烧不出白陶的,而铜的熔点才1083℃,

因此，六七千年前的中国人，是完全有条件可以冶炼出铜器的。但由于中国缺铜，尽管中华民族已经掌握了高温炼铜技术，也只好自叹"英雄无用武之地"，等到金属矿物大量出现后，才能开始施展高超的冶金技术。

到目前为止，在长江流域的江西瑞昌、湖北大冶、湖南麻阳等地就出土了至少是商王朝中晚期的颇有水平的铜矿矿井。据此我们可以推断，中国夏王朝时期肯定已经掌握了开矿采铜技术。有了矿石，中国人就可以在窑温 1000℃的这个高起点上，制造出艺术精湛的青铜器物，事实也正是如此。出土的夏王朝时期的青铜爵带有鲜明的中国特色，商周时期，中国青铜铸造技术就达到了世界最高水平。反观西方，由于烧窑技术的落后，虽然在发明铜器上比中国早了几千年，但在提高炉温、铸造精美的青铜器方面，却进展缓慢。他们连烧造原始白陶的水平都达不到，又怎么能够创造出青铜时代的辉煌呢！因此，前人单纯地把某某事物出现的早晚，而不是把它的科技含金量计算进去的文明起源的观点是值得商榷的。

也有人提出过这样的疑问，既然西方出现铜器早于中国，那中国最早的金属冶炼技术会不会是从西方传过来的呢？

对于这个问题，根据现有的考古资料还很难做出判断。从现在的资料来看，中国最早的铜器多出土于西北地区，如陕西姜寨遗址出土过距今六千年的黄铜片，甘肃马家窑文化出土了距今五千年的铜刀，而甘肃的地理位置正处于中国与西亚之间，素有"河西走廊"之称的"走廊地带"，游牧民族在中国与西亚之间"逐水草而居"，自古不断地来往迁徙，所以，并不能排除中国人使用的铜器是从西亚引进来的可能性。但是，纵观中国夏、商、周的青铜器技术高超、艺术风格与器物造型自成体系、纹饰与中国的史前陶器纹饰一脉相承等特色，都是西方的青铜器所没有的。因此，也不能排除中国独立生产青铜器的可能性。

中华民族自古以来就是一个开放型的民族，从不拒绝吸收优秀的外来文化，取其精华去其糟粕，并将其发扬光大，使之"青出于蓝而胜于蓝"。印度的佛教传入中国形成了中国式的佛教，一直流传至今，而印度的佛教反而因为不能适应环境、与时俱进而退出了历史舞台。唐朝曾大量引进西域文化，奏胡乐、跳胡舞、耍狮子、喝西域酒、看胡姬舞、欣赏西域的杂技魔术成风，成为"盛唐气象"的一个重要组成部分，这反而使西方羡慕不已，出现了"万国衣冠拜冕旒"的景象。所以，即使中国人是受到西方制造青铜器的影响而开始冶炼青铜器的，也不会影响到中国在青铜文化上的先进地位。因为，西方的青铜文化虽然历史悠久，却因生产力落后于中国，而未能创造出辉煌的青铜文化；而铜矿资源贫乏的中国，却因生产力的先进而在青铜文化上创造了举世公认的辉煌。这与在两千年前就发明了乘风筝上天的中国，却不能成为首先发明航天利器的国家；石油资源丰富的西亚不能产生超级大国，而石油资源贫乏的美国却成了超级大国是一样的道理。

（四）中西方铜器的主要区别

林河先生认为中国的青铜文化与西方的青铜文化在本质上的区别是：中国青铜文化的辉煌，并不是对西方青铜文化"王权"思想的继承和弘扬，而是对中华"神农文化"的"神权"思想的继承和弘扬。

原始艺术基本上是"有神论"的产物，古代中国和古代西方同样都是"有神论"的天下，但是存在"神权"与"王权"谁轻谁重的问题。在"神权"重于"王权"的地方，艺术家的"神权"思想和"出世"的色彩就会强一些；而在"王权"重于"神权"的地方，艺术家的"王权"思想和"入世"的色彩就会强一些。

西方是以"游牧文化"为主的社会，人民苦于天灾人祸，不得安宁，以武力得天下的帝王们一般都有严重的"王权"思想。在"王权"思想的影响下，艺术家主要是表现"王权"而不是表现"神权"。因此，西方的青铜艺术表现的往往是"王权主义"的"入世"思想和"世俗"观念。如叙利亚出土的"半裸人物"铜像、埃及第六王朝"佩比一世父子"铜像、苏美尔第一王朝用碎铜精心制作的"麋鹿浮雕"、埃及中王国时代的"武士椎俘"铜项圈、苏美尔文化的"力士摔跤"铜像、"骡马拉车"铜像等等，都是"世俗"味很浓的艺术品。

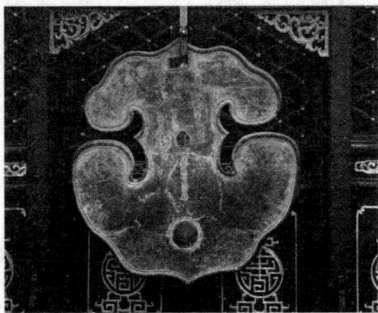

中国是以"农耕文化"为主的社会，人民需要安居乐业、劳动生产，原始农耕社会的领袖们往往具有民主自由、平等互助等原始共产主义的思想，一般都没有将"神权"置于"王权"之下的心理，艺术家可以自由自在地表现"神权"。因此，青铜艺术往往充满了"神权"思想的"出世"色彩。如四千多年前，夏代的青铜器就已出现了铸有"圆饼纹"和"鼓钉纹"的"青铜爵"。"爵"就是"雀"，是一种模仿"南方朱雀"形状制作的祭祀酒器，"爵"（雀）身上的所谓"圆饼纹"，其实是太阳的象征，"鼓钉纹"是星辰的象征，将太阳和星辰铸造在"朱雀"身上，应该是对七千年前中国南方"神农文化"的继承。根据《白虎通》的解释："炎帝者，太阳也……祝融者，属续，其精为鸟，离（太阳）为鸢。"所谓的"青铜爵（雀）"，实际上就是象征神农炎帝氏族的"太阳鸟图腾"，而"朱雀负日""双鸟朝阳图"等就是神农炎帝氏族的"族徽"。

到了距今三千年的商周时代，中国青铜器的民族特色仍是非常突出。例如"神农氏神像"（嘴上长象牙的"人身鸟手像""双鸟朝神像"或戴"三尖冠的人面像"）和"神农氏族徽"（"朱雀负日图""双鸟朝阳图"或"双鸟朝农作物图"），几乎成了商周青铜纹饰中至高无上的主要纹饰。这一民族特色不仅表现在中国神农氏的故土——长江流域的商周青铜器上，也表现在许多中原的青铜器上。如长江流域的商周青铜器，它的造型不管有多少变化，总以鸟为主题，要么把青铜器做成鸟形，要么把器身布满鸟纹，要么在青铜器上立鸟，要么把人、兽的眼睛做成鸟形。总之，一定要把"神农氏的神像"和代表神农氏族的"太阳鸟族徽"摆在至高无上的地位。这一规律在中原也不例外，如商代著名的"司母戊鼎"，它上面的纹饰同样是以鸟纹为主题的。这种现象，一直到了中国的"王权"思想逐步取代"神权"思想的商周时代，代表"王权"的"龙纹"才逐渐上升为青铜艺术的主题。

（五）精湛绝伦的中国青铜艺术

中国的青铜器被誉为"世界第九大奇迹"，出土的大量文物，器型之完美，工艺之精湛，完全可以用"鬼斧神工""精美绝伦""空前绝后"等词来形容，不仅创造出辉煌的青铜文化，甚至还影响了古代文明和近代文明的发展。

世界上最早、最大、最精美的青铜尊：出土于湖南宁乡县黄材镇的商代"四羊尊"，通高 58.3 厘米，腹部由四只站立着的"卷角羊"组成，整个器身布满了蕉叶纹、夔龙纹、云雷纹、神农氏神像等精美绝伦的纹饰，有些细如发丝的花纹，很可能是由非常先进的"熔模铸造法"（失蜡法）浇铸而成的，这件青铜器堪称商代青铜器中的绝品。

改变了古今文明进程的"中国青铜绝技"：在湖北随县曾出土一座战国时代的"曾侯乙墓"，墓中出土了许多用"熔模铸造法"（失蜡法）浇铸而成的青铜器，中国商周时期发明的这种先进的"熔模铸造法"，可以制造极其精密的铸件，还可以铸造极其复杂的器型，如代表了世界古代工艺最高水平的汉代错金工艺、明代宣德炉、北京故宫、颐和园、圆明园中的龙、虎、狮、象、十二生肖、铜像、铜亭等。在西方，直到 20 世纪初，德国才用这项中国绝技铸造精密齿轮。第二次世界大战期间，美国飞虎队的机械师在云南保山见到了中国用"失蜡法"铸造的传统文物后，深受启发，便将此法用到了铸造要求极高、非常不易加工的喷气发动机的叶片和涡轮盘的制造上，获得了极大的成功。二战以后，这一中国绝技迅速被推广到了全世界，终于形成了近代工业文明必不可少的精密机械制造工业。由此可见，中国的青铜文明对人类文明贡献之大。

古代先进的铸造工艺"失蜡法"：又名"熔模铸造法"，一般用于铸造立体结构非常复杂的、用常见合范法（模具组合法）所不能胜任的产品。失蜡法首先用蜂蜡、松香和牛油混合的蜡料雕出要铸的产品（蜡型），然后往蜡型上浇黏土和黄沙混合澄洗出的泥浆，再在上面撒沙子。反复多次在蜡型外制好型壳后，将型壳拿到火上加热。蜡遇热融化成液态，从型壳中流失。此后将型壳用低温烧结，再向型壳内倒入融化的金属液体进行铸造。冷却后敲掉型壳，我们就得到了和蜡型一模一样的铸造产品。

世界上最锋利的青铜剑：1965 年，湖北江陵出土了一把越王勾践用的青铜剑，虽然在地下埋了两千三百多年，但出土时还光洁如新、寒气逼人、锋利无比。有人

作过试验，该剑一次就能将二十多层纸斩成两半。由此可以证实《战国策》上说的"吴越之剑，用肉作试验，可以断牛马，用金属作试验，可以断盘匜"的说法，的确是没有丝毫夸张的。还有人用楚国的青铜剑斩两枚叠在一起的清代铜元毫不费力，说明秦国形容楚国的青铜剑"毒得比马蜂扎人还要厉害"，也是没有半点虚言。

世界上最早的青铜硫化处理技术：锋利无比的越王青铜剑，显示了它在军事科学上举世无双的成就，而它在物理化学上的成就也是令人惊叹的。它那精美绝伦、永不生锈的黑色菱形花纹是经过硫化处理的，而在西方，直到近代才发明了硫化处理技术。

世界上最早的金属铬化技术：在金属表面镀铬防锈，是近代科技史上的重大成就。但在中国古代青铜器中，有一种叫"黑漆古"的青铜器，虽在地下埋藏了好几千年却光泽如新，没有丝毫锈蚀。通过科学家的研究，发现它的表层含有铬元素，原来，这青铜器数千年不朽的秘密，就因为它经过了"铬化技术"的处理。

世界上最早的光学聚焦镜：据周代《礼记·内则》记载：做儿媳的每天凌晨都要将"金燧"等日用工具佩戴在身上，到父母那里去问候安宁。这"金燧"指的就是用青铜制作的光学聚焦镜，古代又名"阳燧"，今日则叫"聚光镜"或"凹镜"。它的用途是向阳取火，让太阳光点燃艾条之类的"火媒"，用以烧火煮饭。由此可知，中国在商周时期，就已懂得了用凹镜取火的科学原理了。在中国的考古发现中，也经常出土"金燧"的实物。因此，不但中国人是最早发现光学聚焦原理的人，中华民族也是世界上最早利用光学原理制造聚焦镜（凹镜）的民族。

能够看透背面的青铜"魔镜"：假若你在照镜子时，突然看见了镜子背面的花纹，你一定会感到太不可思议了。但是，在中国商周时期的青铜镜中，有一种被称为"透光镜"的青铜镜，却真的可以做到这一点。方法是将"透光镜"对着阳光，把阳光反射到墙壁上，你就可以从墙壁上的镜影中，清楚地看到青铜镜背面的花纹或文字，就好像是魔术师在玩魔术一样。1832年，中国的"透光镜"首次传到了西方，立刻引起了极大轰动，被西方人称之为来自东方的

"魔镜"。许多西方科学家使尽了浑身解数，也无法破解其中奥秘。中国宋朝的科学家沈括在他的《梦溪笔谈》一书中说道："文虽在背，而鉴面隐然有迹，所以于光中现。"科学地解答了这个问题。而在西方，直到1932年，才被英国的科学家威廉·布拉格爵士揭开谜团。20世纪研究中国古代科学成就最大的英国专家李约瑟博士曾评价道：这是中国科学家"在通向掌握金属表面微细结构的道路上迈出的第一步"。

让水花自动飞舞的青铜"魔盆"：在中国古代的青铜器中，有一种能令水花自动飞舞的青铜盆，只要在盆中放满了水，用双手在盆边轻轻摩擦，铜盆便会发出"嗡嗡"的声波，盆中的水则会随着声波产生涟漪，涟漪生出水花，水花又会随着声波起伏跳动，好像在跳舞一样，而且能跳到一尺多高，见者莫不称奇。这可以说是世界上最早的音乐喷泉，是中国科学家研究声学原理的奇迹。目前，这种水花跳跃的"魔盆"的仿品在中国的一些地方还能见到。

世界上最早、最大、最重的青铜器：中国商代的"司母戊鼎"是全世界最早、最大、最重的青铜器，通高1.33米，重875公斤，需要用铜料1000多公斤才能铸成。"司母戊鼎"的出现，证明了中国是世界上"青铜文化"实力最雄厚的国家。它身上的"神农氏族徽"证明了它完全是对中国"神农文化"的继承与发扬，而不是对西方"王权文化"的继承和发展。

震惊世界的三星堆神秘青铜像：四川三星堆遗址是一个距今三千多年的商代遗址，它以出土了大量造型怪异、工艺超群的神话人物青铜造像而闻名于世。据介绍，我国青铜器一般分为七个大类，而三星堆出土的绝大部分青铜器却不能划入其中任何一类，除了一少部分铜垒、铜牌、铜尊与中原地区青铜器相似外，大量造型怪异、充满神秘色彩的铜人、铜面具、铜动物等在我国各地出土的青铜器中都前所未见。这里出土了世界上最大、最完整的青铜立人像，它通高2.62米，重逾180公斤，被称为铜像之王；世界上最大的青铜纵目人像，高0.645米，两耳间相距1.385米；世界上最早、树株最高的青铜神树，高3.84米，3簇树枝，每簇3支，共9支，上有27枚果实与9只鸟，树侧有一龙缘树透迤而下。三星堆的青铜文化充满了"神农文化"的色彩，那青

铜大立人（神巫）像，头上戴着铸有神农氏头像的三尖神冠，上穿绣有神农氏"朱雀"族徽的丝绸左衽上衣，下系绣有类似江浙一带"良渚文化"的神农氏"神徽"的"帘裙"，神巫的衣着华丽无比，但却打着一双赤脚。这种种怪异现象，不了解南方"神农文化"的学者是无法知道它的奥秘的。其实，那三尖太阳神冠和神农氏肖像，早已出现在距今七千多年的高庙文化之中。那衣上的"朱雀"图案也源于高庙文化，那不同于中原形制的左衽衣冠，古书上早有"华夏右衽""西南夷左衽"的记载。那"帘裙"即是对朱雀尾羽的模仿。但他为什么打着一双赤脚呢？穿着华丽的他绝不是穷得没有鞋穿，而是南方巫师认为请神的时候，只有接触了"地气"，法术才会灵验的缘故。直至今日，南方的巫师哪怕是在大雪天，请神时还是要打赤脚的。三星堆的神秘文化可以说是中国"神农文化"的辉煌。

两千年前的青铜"发电机"：在湖北随县战国时代的"曾侯乙墓"出土的青铜器，几乎件件都是国宝，其中有一些形状古怪、不知用途也叫不出名字的青铜器，引起人们的很多猜测。例如有一件青铜器布满了与今日发电机非常相似的"线圈"，现在还没人能准确知道它的用途。在埃及的古墓中曾发现过古代的"电池"，西方的有些学者就敢于肯定它是"电池"的雏形。这不知用途的战国青铜器，既然浑身都是"线圈"，除了做发电机的"线圈"以外，很难找到还有其他的用途，很有可能它就是"发电机"的雏形。

三、金 文

（一）什么是金文

金文是指铸或刻在青铜器上的文字，也叫钟鼎文或者铭文，是中国古汉字一种书体的名称，是商、西周、春秋、战国时期铜器上铭文字体的总称。因为周以前把铜也叫金，所以铜器上的铭文就叫做"金文"或"吉金文字"；商周是青铜器的时代，青铜器的礼器以鼎为代表，乐器以钟为代表，"钟鼎"即是青铜器的代名词，刻在青铜器上的文字自然也可叫做钟鼎文；另有说中国在夏代就已进入青铜时代，铜的冶炼和铜器的制造技术十分发达，又因为这类铜器以钟鼎上的字数最多，所以过去又叫做"钟鼎文"。不管哪种说法，都证明了金文是刻印在青铜器上而得以很好地保存下来的。这也就不难理解青铜器的繁荣发展对汉字传承的深远影响了。

金文应用的年代，上自商代的早期，下至秦灭六国，约一千两百多年。金文的字数，据容庚《金文编》记载，共计 3722 个，其中可以识别的字有2420 个。

金文上承甲骨，下启小篆，由于书写材质的不同，在长期的演化过程中不断完善，形成下列特点：

(1) 笔画圆匀，起笔、收笔、转笔多为圆笔。这为以后篆书用笔打下了基础。 (2) 字的结构更加紧密、平稳。字形也较甲骨文和周初金文更有规律性，为以后的文字统一奠定了基础。 (3) 章法上也开始讲究字距行列。有的严整规矩，有的显得疏朗开阔，无论是笔法、结字还是章法上都为书法的进一步发展作出了重要的贡献。

（二）金文的起源

关于金文的起源，传统的说法是：起于商代，盛行于周代，是在甲骨文的基础上发展起来的文字。那是不是说在金文之前，祖

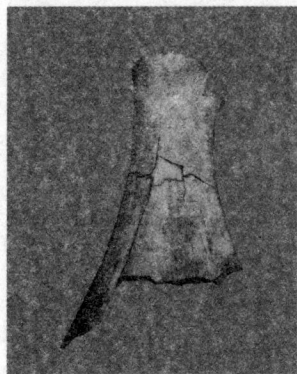

先就将文字刻在甲骨上，等到青铜器出现之后，有了新的载体，就开始将文字铸刻在金属器皿上了呢？也许大家会觉得奇怪，商周时期已经有了棉、麻、帛等衣物用品，春秋列国时期的出土竹简也不在少数，为什么先人不把字写在轻薄、方便携带的竹简和布料上面，而要费很多工夫刻在青铜器上呢？原来古人已经知道将文字铸于青铜器上，更永固。在出土的青铜器铭文中经常出现"子子孙孙其永宝""子子孙孙永宝用""万年子子孙孙永宝用"等字样，表明当时铸器、铸铭时，古人的一种愿望，他们预见到书于宗彝之铭，将流芳百世。另外，商周时，王经常对有功之臣赏赐予铜，铜在当时又被称为"金"或者"吉金"，赐金就是指赐给铜料，记为"赐金"。大臣受赏赐之后，将所赐之铜用作青铜礼器，铸铭以记事，并歌颂王的功德，是很普遍的。如"利簋"铭，就记录了王赐"利"金后，铜料被做成祭祀礼器的事实。

簋是装米饭的青铜礼器。利簋，又名武王征商簋，中国已发现的时代最早的西周早期的青铜器，为周武王时期有司（官名）利所作的祭器。1976年出土于陕西临潼。器型高28厘米，口径22厘米，圆形，侈口，鼓腹，双兽耳垂珥，圈足下附有方座，造型庄重稳定。以云雷纹为地，腹及方座饰兽面纹，圈足饰夔纹，兽面巨睛凝视，森严可怖。腹内底部铸有铭文4行32字，如下：

珷征商，唯甲子朝，岁鼎，克昏夙有商，辛未，王在阑师，赐右史利金，用作檀公宝尊彝。

铭文的意思是说，周武王（珷，就是"武王"）攻伐商纣王，在甲子日的早晨，岁星正在适当的位置上。经过黄昏到第二天的早晨，（武王的军队）就把商国攻打下来了。在辛未日（甲子日之后过了七天）周武王在阑师（地名）赐给右史利（"利"是人名）吉金（即青铜）。利用赏赐所得的青铜制作了这个祭祀祖先的宝器。

古人用岁星（今天的木星）纪年。古人认为岁星所在国家的分野有福，作战不会失败。利簋中的"岁鼎"，意思说的就是岁星正好处在天空中"周"的分野之内。在对武王克商年代的天文学推算中，利簋是有关武王克商唯一的直接文物遗迹。这段铭文的重要意义在于印证了《尚书·牧誓》《逸周书·世俘》及

《史记·殷本纪》等古代文献中关于武王克商在甲子日，又恰逢岁星当空的记载。利簋的发现是 1949 年以来中国考古学界最重要的事件之一。此器现收藏于中国国家博物馆。

1987 年公布的新说法则是：一向被认为出现于甲骨文之后的金文，实际上早在甲骨文之前就已存在。

金文是铸刻在青铜器的钟或鼎上的一种文字。钟多是乐器，鼎多为礼器。例如九鼎则为传国重器，王都所在即鼎之所在，故称定都为"定鼎"。铸刻上面的文字，内容多为记事或表彰功德。这种铭文，有的是凹下的阴文，有的是凸出的阳文。前者称为"款"，是"刻"的意思；后者称为"识"，是"记"的意思。所以金文也可统称为"钟鼎款识"。以后书法"款识"或"款式"的名称即由此演化而来。

（三）金文的分期与发展

金文的整个发展过程长达一千二百多年，无论是字体、文例还是内容特点都有很大变化，所以研究金文必须从分期入手。

商代二里岗期的青铜器，发现有铭文的只有少数几件，文字均系铸成，个别为凸起的阳文，一般为阴文。字数限于两三字，有的是器主的族氏或名字，有的是所祭祀先人称号，还有的是与器的用途有关。这几件有铭文的青铜器都不是发掘品，其铭文真伪还值得商榷。

纵然商朝以前已有青铜器，金文之始，实际上还是在盘庚迁殷（今河南安阳西北）之后。商代晚期即殷墟期的金文，数量比二里岗期明显增加，而且时代越晚，字数越多。但总的说来，铭文大多仍很简短，只有寥寥数字，最长的不超过五十字。等到周初，已经达到一千二百余字。至商亡时，才有文章体裁的出现。就算是这样，最长的文章也才不过四十余字。这一时期金文字体多与甲骨文相近，用词也多类似，如以周祭记作器时间等。所书内容和二里岗期的铭文相似，或为器主族氏、名字，或为

所祭祀先人的称号，复杂一点的则兼记上述两者。这种铭文中表示族氏的字，学者常称为"族徽"，其特点是写得象形，如人形有首和手足，动物形有特征性部分。过去有学者以为是最原始的文字，甚至说是"文字画"。经过甲骨文等材料对比，证明它们其实是文字，不过是为了突出加以美术化而已。族氏有时可与当时地名和出土地点相联系，对研究社会结构也颇为重要。成组青铜器有时有同样的铭文，如小屯五号墓出土大量器物上有"妇好"二字，可供综合研究。

商代金文最长的不超过五十字。北京故宫博物院收藏的二祀邲其卣，是现存商代青铜器中铭文最长的几件之一。该器器身外底铸铭文三十九字，盖内和器内底均有"亚獏，父丁"四字，"亚獏"为族氏，"父丁"为所祀先人。这件铜器的铭文对研究商代晚期王室与周围方国的关系以及商王室的祭祀制度、殷国制度、历日制度等都有十分重要的作用。

二祀邲其卣外底铭释文如下：

丙辰，王令（命）（音义）
其兄（贶）丽，殷
于夆，田雍。宾
贝五朋。在正月，遘
于妣丙，彤日，太乙（音是）。
唯王二祀。既
（音扬）于上下帝。

（丽：指一对兽皮。兄（贶）：即赏赐。宾：金文通例，王派使者出使诸侯称"使"，被使者按例需对使者有所馈赠，馈赠称"宾"。）

铭文大意是：商纣王命令其去夆地发布政令，在雍地田猎，并赠送夆地酋首一双兽皮。酋首返赠其五串贝。时值商纣王二年正月丙辰日，举行彤(古代祭祀的一种名称)祭，祭祀太乙的配偶妣丙的日子。其对天上的上帝和地上的商王都作出了贡献。

北京故宫博物院收藏的另一件器物四祀邲其卣，有三处铭文，盖内和器内底均有"亚獏，父丁"四字，"亚獏"为族氏，"父丁"为所祀先人；此外在卣外底圈足内又有铭八行四十二字，记商王祭祀帝乙及器主受赏事迹。这件卣作于帝辛（纣）四年。

西周早期金文是商代金文的继续和发展。商代流行的那种记族氏等的简短铭文仍然存在，同时出现了许多长篇铭文，记载重大史事。如周康王时的小盂鼎所载伐鬼方，尤为重要，字数已多达四百字左右。有周公东征见于方鼎，记伐丰伯薄姑凯旋的情形。分封诸侯的例子有簋为证的是封康侯于卫和迁虞（吴）侯于宜。昭王的南征，穆王的游行和用兵，也都有金文详细记述。我们知道商代遗留下来的文字资料主要是甲骨文和金文，西周遗留下来的文字资料，主要是铸于青铜器上的金文，这些文字史料反映了西周政治、军事、经济、文化、外交、法律的方方面面，这也是铭文的主要价值所在。早有学者指出，金文在西周历史文化研究上的价值，远远超过了《尚书·周书》。

西周早期金文字体多雄肆，中期则转趋规整，格式也逐渐固定化。多见于中晚期的册命金文，叙述周王对臣下命赐之礼，与当时的职官制度有很大的关系，从所赐舆服中还可考见当时等级的区分。此外还有一些金文涉及法律、经济等方面，如曶鼎记载与器主曶有关的两次诉讼，均与奴隶制有关；几件裘卫器物的铭文，分别叙述了裘卫与矩伯间的三次交易，或以土地交换土地，或以土地交换毛裘皮革，说明土地已可转让，并且还有以货币计算的价格，是非常珍贵的史料。与土地转让有关的，还有师永盂等器铭。

西周金文多数为周王朝官吏所作，诸侯国的金文相对来说较少。自从周平王迁都洛邑之后，周王室开始呈现衰微的迹象，金文陡然减少，而由于列国纷争的原因，诸侯国的金文却大量出现，开始东周金文时期。由于诸侯自制铜器，这个时期，不只一些强大的诸侯国，就连若干小诸侯国也有金文，书法也自然受到影响，呈现浓厚的地域色彩。列国铜器可大概分为东土、西土、南土、北土及中土五大系统；其中北土、中土出土器物及铭文都很少，所以就以东土、西土及南土为代表。

1. 东土系——劲直峭拔

包括齐、鲁、郱、莒、邾、薛、滕诸国，以齐国为盛。他们的共同点为书体高长，笔画变为直线，与西周的曲线笔画美感不同。齐陈曼

簋严整劲峭，堪称是东土系之杰作。

2. 西土系——古朴雄浑

西土系包括秦、晋、虞、虢诸国，以秦国为盛，其书体近似小篆，有古朴雄浑之风。

秦并六国之后，书法也吸收各地精华，融合各地之风，书体上也更趋于完美，为秦代小篆奠定了良好的基础。

3. 南土系——柔美浑圆

南土系包括楚、吴、越、徐等国，而以楚最盛，书法柔美浑圆。值得注意的是，徐国之器《王孙遗者钟》书风与齐器较近，章法纵横整齐，端整之中又有流丽之风；可以看出不同国家的书法都是相互影响的。晋、郑、齐、鲁、楚等国金文，在春秋金文中最为重要。如晋国的晋姜鼎，记晋文侯辅立周平王的功绩；齐国的庚壶，记齐灵公伐莱等战役；楚国的令尹子庚鼎，也可与《左传》相印证。秦国金文，如宝鸡出土的秦公钟、镈，天水出土的秦公簋和宋代著录的秦公镈，其字体与东方列国不同，已开后世秦篆之先。

西周晚期金文，长篇更多，其中毛公鼎达四百九十七字，是迄今发现的最长金文。这时金文多反映战争及社会动乱。随着周王朝的衰落，有些金文也趋于简单，例如梁其诸器，就出现一些脱漏错讹，这在早中期金文中是罕见的。

值得一提的是，到了这一时期铁器渐渐出现，青铜铸造的乐器也增多了，在青铜乐器上铸文成为可能，因此金文所录的内容，已经不像最初那样，只记录王公大臣贵族阶级的事，像战功、音阶等，这些都有了铸录。此时金文被广泛使用，堪称全盛时期。

春秋中期，开始出现个别刻成的铭文，在铭文中错金也有发现。北方晋国逐渐流行一种笔画头尖腹肥的字体，可能即汉晋人所谓"科斗文"；而南方各国则流行以鸟形作为装饰的美术字体，即所谓"鸟书"，这两种特殊字体都流传到战国早期，有的在汉代还有孑遗。南方各国金文多刻意求工，用韵精整。

战国早期金文基本继承春秋时的统绪。由于诸侯分立已久，文字的地方性更为突出，形成《说文》序所说"文字异形"的局面。大体上说，西土的秦和东土六国分为两系，而东土又可分为三晋、两周、燕、齐、楚等亚系。各系不仅文字结构诡变不同，金文的用词和格式也有许多差异。战国中晚期，金文以刻成的为主，内容转为"物勒工名"的形式，即记载器物的制造者、使用者、置用地点、容积重量等，有的还用干支、数字作为编号。此类金文有助于研究当时职官、地理、度量衡制等，也有很大价值。

与此同时，还有少数传统形式的铭文存在，并且有长篇的。例如战国中期末的中山王方壶铭四百四十八字，中山王鼎铭四百六十九字，内容记中山乘燕国内乱、齐国进军占领燕都之机，举兵伐燕，取得大片土地。这是文献所缺书的重大史实。

中山王三器蕴涵丰厚的文化价值。

战国时期的中山，即春秋时期的鲜虞，本是戎狄部落的一支，1974年以来，在河北省平山县发掘出中山国重要遗址，遗址坐落在平山县三汲公社东灵山和西灵山的南麓。出土了大量青铜器，其中中山王方壶、中山王鼎以及中山王圆壶合称中山王三器。中山王三器行文流畅，文字精美，风格独特，是中国古文字的精品奇葩。铭文以中山王鼎最多，也最精美。铭文为刻款，体现了华美的书写风格。其中中山王鼎通高51.5厘米，最大直径65.8厘米。中山王鼎是1977年在西灵山一号大墓中出土的，鼎为铁足刻铭铜鼎，周身刻铭77行，计469字。鼎系中山王十四年铸，是用以赏赐中山相周的。中山王鼎为王墓中同时出土的九件列鼎中的首鼎，铜身铁足，圆腹圆底，双附耳，蹄形足，上有覆钵形盖，盖顶有三环钮。据鼎铭得知，此鼎为奉祀宗庙的礼器。中山王鼎是我国迄今为止发现的最大的铁足铜鼎，中山王鼎铭文字数之多，仅次于西周毛公鼎，在战国铜器中更属罕见。铜鼎铭文的风格，接近三晋文字，字体修长，匀称流美，装饰意味十分浓厚，有所谓悬针篆风格，令人叹服。

中山王圆壶为中山王的嗣王为先王所作。圆壶为短颈鼓腹，两侧有二铺首，圈足，有盖，盖饰三钮，通高44.5厘米，腹径32厘米，腹与圈足皆有铭文，腹部铭文59行、182字。除歌颂先王的贤明外，还大加赞扬相邦马赒的内外功劳。此壶及其铭文是研究中山国历史的重要资料。

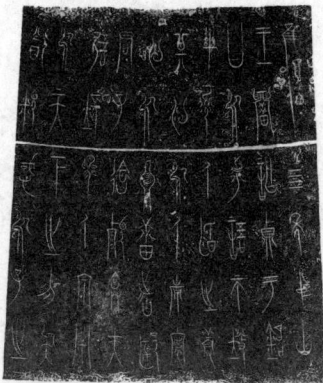

中山王方壶，1978 年于河北省平山县战国中山王墓出土，方体，小口，斜肩，腹两侧有一对环耳，这是战国中、晚期常见的方壶形式。它在造型上的突出特点是，使用了八条雕龙为装饰。在壶盖上有四个抽象的龙形钮，在壶肩四棱上各雕塑有一条小龙，龙头朝上，独角大耳，颈背生鬃，长尾。这些龙装饰的使用，为光素无花纹而略显呆板的壶体增添了活泼气氛，而龙身无繁缛的花纹，与壶体协调相称，共同构成一种素雅明快之美感。

该壶最受学术界珍视之处，是它的四个光平的腹壁上刻下的长达四百四十八个字的铭文。根据铭文的记载，这是一件中山国王命令其相邦（相国）铸造的酒器。该壶铭文云："择燕吉金，铸为彝壶，节于禋盨，可法可尚，以飨上帝，以祀先王。"意即选择燕国优质铜，铸造铜壶，按照禋祀的礼仪规定装酒，用于祭祀上帝和祖先。在铭文中说该器叫做彝壶，用来盛祭祀上帝、祖先的酒。到了汉代，人们给这种方体铜壶起了个专名叫做"钫"。

铭文大约刻于公元前 314 年，是迄今发现的第三长的铭文。记录了本壶的制作时间、用料动机等情况。把先王值得赞美的功业和事迹刻在壶上，以显扬先君光辉的德行。把燕国国君子哙仿效尧以国禅让子之所造成的国亡身死、卒为天下耻笑的教训也镌刻在壶上，以告诫继位的君王。表彰相邦"竭志尽忠"地辅佐中山王畟"协理国事"，早晚不懈地举贤荐才，任用能人，为中山国开拓了疆界等辉煌功绩。

秦代金文一般均为"物勒工名"之类。具有特色的是有秦始皇统一度量衡诏书的诏版、诏量、诏权，有的还加有秦二世胡亥的诏书，称为两诏。

汉代金文沿袭秦代传统，而在格式上更为规整统一。已经发现的汉代金文数量很多，容庚在 20 世纪 30 年代编写了《秦汉金文录》和《金文续编》，其中汉代金文占主要部分。此后新出的又不止数倍。考古发掘还发现有成批成组的有铭青铜器，对研究汉代各种制度很有意义。特别是金文中的职官如与汉印结合研究，将会起较重要的作用。

（四）金文的制造过程

把文字"写"在坚硬的金属上，并且还要写得漂亮、传神，一想起来就觉得颇有难度。更让人费解的是，殷周金文经常可见是被铸在青铜器的内侧，这更加让人匪夷所思了。专家推断，青铜器上的字应该首先被刻在铸模上，但是怎样在铸模上刻印上金文仍然未能确定。根据在工场遗址所发现的大量模具推断，青铜器的制造方法大致如下：

1. 利用黏土做一个与制成品大小相同的土胚（模型）。

2. 另外再用黏土包裹着模型，待干透后切开外层的黏土，作为外模。

3. 将模型削去外层，作为内模。

4. 在内模刻上图案文字。

5. 组合起外模和内模，并在之间放入铜片作为间隔空隙以待注入铜液。

6. 将已熔化的铜注入。

7. 将模冷却打破，取出青铜器。

但是，还有一个让人不解的地方，由于在青铜器内侧的金文是凹进去的，因此在内模上的文字应该是凸出来的。怎样在内模上加上文字图案等，仍然是一个谜。对于加上这些凸出来的文字的技法，有各种不同的假设：

1. 将熔成泥状的黏土，逐渐贴上。

这是清朝金石学权威阮元提出的假设，但没有实证实验。

2. 在内模贴上薄黏土，再削去多余部分。

这是民国以前提出的假设。工序中必然会在内模上造成痕迹，这样在青铜器上也会留下印记，然而实际上并没有。

3. 先在木片或龟甲上刻上文字，用黏土填满后，再将黏土移印至内模上。

经实验证明这个方法可行，但是没有发现相关的物证，因此仍只可当做假设。

（五）金文研究著作

我国对金文的研究已有悠久的历史。西汉张敞曾考释美阳所出周代尸臣鼎，其释文今天看来大体正确。宋代人收藏铜器极其重视铭文，故出现了很多著录和研究青铜器的专著，最早的有《皇祐三馆古器图》、刘敞《先秦古器记》、李公麟《考古图》；专门摹刻铭文的，如王俅《啸堂集古录》、薛尚功《历代钟鼎彝器款识法帖》，内容颇为丰富；把铭文中的字编为字典则有王楚和薛尚功《钟鼎篆韵》。现传最早的是吕大临的《考古图》，体例已相当完善，图象、铭文、释文等项都已具备。宋元时期还有人编集金文文字，汇为字书，现存有吕大临《考古图释文》、杨鉤《增广钟鼎篆韵》。

元明时期，由于理学居统治地位，金石之学被讥为玩物丧志，金文研究一时衰微。

清代由于《说文》之学兴盛、声韵训诂研讨日深，在这种学风的影响下，铭文研究进步较快，著录和考释铭文的书籍数量远超前代，名家辈出。著作有阮元《积古斋钟鼎彝器款识》、方浚益《缀遗斋彝器款识》、吴大澂《愙斋集古录》、孙诒让《古籀拾遗》《古籀余论》《名原》等等，均有较大成绩。吴大澂的《说文古籀补》是一部比较好的金文字典。清代吴式芬把商周铜器铭文编成《古录金文》一书，收集的资料翔实，考释严谨，对后世影响颇深。

清末以来，研究金文的学者更多。罗振玉、王国维注意铭文与器物本身相结合的研究，王国维有《两周金石文韵读·序》。罗氏 1937 年印行的《三代吉金文存》，迄今仍是一种最重要的金文汇集。郭沫若用科学方法整理研究金文，所著《金文丛考》《两周金文辞大系》等书，为利用金文探讨古代社会开拓了道路。《金文丛考》是郭沫若于 1932 年所著，与《两周金文辞大系》为姊妹篇。内容包括《金文丛考》8 篇，《金文馀释》释字 16 篇，《新出四器铭考释》4篇，《金文韵读补遗》共 40 器。其中"丛考"部分论金文中所表现的周人的传统思想、谥法的起源、彝器人名的字义以及毛公鼎的年代等，考证详明，多非前人所能道。论毛公鼎的年代一文，从铭辞中所透露的历史背景，从文辞中的熟语跟《诗》《书》中文句的比较，从器物的花纹与形式等几方面来考察，推定其为宣王时器，可谓尽考证之能事。其他解字辨韵各篇，大都可以作为定论。1954年作者把本书又与《金文馀释之馀》《古代铭刻汇考》和《古代铭刻汇考续编》中有关金文部分汇集为一书，命名为《金文丛考》。郭沫若在《两周金文辞大系·序文》说："当以年代与国别为之条贯，……余于西周文字得其年代可征或近是者凡一百六十又二器。……其依据国别者，于国别之中亦贯以年代，得列国之文凡一百六十又一器。"这在金文研究中是划时代的创举。

1925年容庚编《金文编》把商周铜器铭文中的字按照《说文解字》的顺序编为字典，从此金文成为一种书体名称。1985年容庚《金文编》修订第四版采用铭文3902件，收正文（可识的字）2420字，附录（还不能确定的字）1352字，共计3772字。这是今日可见金文的总数。先秦文字史料虽不尽是金文，但其反映了秦用小篆统一文字前一千多年间中国文字发展变化的基本情况，对青铜时代历史的考察意义十分重要。

其他海内外学者著作不胜枚举，如杨树达《积微居金文说》，容庚《商周彝器通考》《金文编》，于省吾《双剑誃吉金文选》，柯昌济《金文分域编》，唐兰《西周青铜器铭文分代史征》，陈梦家《西周铜器断代》，日本白川静《金文通释》等等，各有贡献。近年编著的工具书，如周法高《金文诂林》，孙稚雏《金文著录简目》《青铜器论文索引》，中国社会科学院考古研究所《新出金文分域简目》、中国社会科学院考古研究所《殷周金文集成》等，都有助于对金文的研究。

四、民族瑰宝　传国重器

（一）司母戊鼎

司母戊鼎是中国商代后期（约公元前 16 世纪至公元前 11 世纪）王室祭祀用的青铜方鼎，因其腹部铸有"司母戊"三字而得名，是商朝青铜器的代表作，现藏于中国国家博物馆。司母戊鼎高 133 厘米、口长 110 厘米、口宽 78 厘米、重 875 公斤，器型高大厚重，形制雄伟，气势宏大，纹饰华丽，工艺高超，又称司母戊大方鼎。

1939 年 3 月 19 日盗掘出土于河南省安阳市武官村一片农地中，挖掘者是当地农民吴希增。当时河南已处于日寇的占领之下，村民想将鼎卖给北平古董商萧寅卿，原本计划将鼎锯开，结果只成功锯下两只鼎耳。为了避免日寇搜剿出这个出土大鼎，于是吴将鼎再次埋入地下，直到 1946 年抗战胜利后才又重新掘出。司母戊鼎后被运往南京，作为蒋介石六十大寿的礼物。1949 年，人民解放军在南京机场发现了被弃置在那里的司母戊大方鼎。中华人民共和国成立后该鼎存于南京博物院。当时司母戊鼎的一只鼎腿上有武官村村民锯鼎未果而留下的痕迹，被锯下的鼎耳经过多年战乱也只找回了一只。南京博物院委派潘承琳将司母戊鼎腿上的锯痕填满，又根据残存的鼎耳仿造了一只假耳朵，将丢失的耳朵修复"还原"。1959 年，配好了假耳朵的司母戊鼎被调拨到中国历史博物馆。

司母戊鼎的四个柱足是中空的。整个鼎的鼎耳事先铸好后嵌入鼎范（即用来铸鼎的模子），再一次浇铸制成鼎身鼎腿。司母戊鼎是商王武丁的儿子为祭祀母亲而铸造的，该鼎在商代晚期的铸造难度是惊人的，这充分显示出商代青铜铸造业的生产规模和技术水平。1976 年安阳殷墟商代妇好墓发现"司母辛"铭文铜鼎，可以与"司母戊"铭文相印证。

撇开假耳朵的遗憾不谈，司母戊鼎是迄今为止世界上发现的最大、最重的

中国古代文字

中国古代青铜器，是鼎中之王，是传国重器。

（二）毛公鼎

道光末年出土于陕西省宝鸡市岐山县。毛公鼎高 53.8 厘米，口径 47.9 厘米，净重 34.705 公斤，器型呈仰天势，半球状深腹，垂地三足皆作兽蹄，口沿竖立一对壮硕的鼎耳。文物界公认此物系西周晚期宣王(公元前 827 年—公元前 781 年)时的一件重器，因其鼎腹内铸有 32 行 497 字关于"册命"毛公的铭文，故名"毛公鼎"。器身上铭文是现存最长的铭文，其内容是周王为中兴周室，革除积弊，册命重臣毛公，要他忠心辅佐周王，以免遭丧国之祸，并赐给他大量物品，毛公为感谢周王，特铸此鼎记载此事。毛公鼎为西周晚期的宣王时期器物，是研究西周晚期政治史的重要史料。李瑞清题跋鼎时说"毛公鼎为周庙堂文字，其文则尚书也，学书不学毛公鼎，犹儒生不读尚书也"，即是说此。此外，毛公鼎书法是成熟的西周金文风格，结构匀称准确，线条遒劲稳健，布局妥帖，充满了理性色彩，显示出金文已发展到极其成熟的境地。

毛公鼎一出土便受到藏家的珍爱。1852 年，清朝翰林院编修、著名金石学家陈介祺从一户姓苏的人家买到毛公鼎，对其呵护有加。随着清王朝的没落，毛公鼎被抵押在俄国人于天津开办的华俄道胜银行。1920 年，美、日列强商贾都垂涎毛公鼎，欲出巨款秘购。消息被时任北京政府交通总长的叶恭绰得知，叶恭绰迅速筹资 3 万元，将鼎从道胜银行赎获。事后，叶恭绰将毛公鼎秘藏于上海的寓所"懿园"。抗战爆发后，苏皖一带很快就被日本人占领。随即日本宪兵队到处搜寻毛公鼎的下落。为防止国宝落入日寇之手，住在香港的叶恭绰委托友人设法仿造了一只铜鼎，交到日本宪兵队。而真正的毛公鼎则偷运出上海，秘密带往香港。后来，上海富商陈咏仁以 300 两黄金买下宝鼎，并同意叶恭绰的约法三章，承诺抗战胜利之后一定捐献国家。1946 年，宝鼎被捐献给了当时在南京的"中央博物院"。现在收藏于台北故宫博物院。

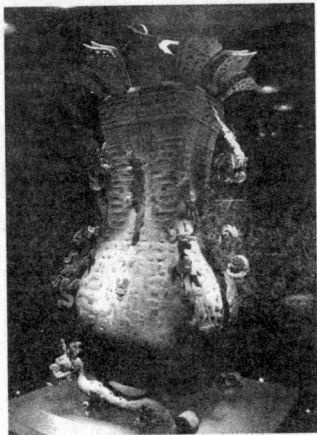

（三）曾侯乙编钟

战国时期的曾侯乙墓，出土了一套精美华丽、场面壮观、独步古今的编钟，是迄今为止已发现的古代编钟中时间最早、数量最多、规模最大、保存最好、音律最全、音域最广的乐器，是我们认识西周乐悬制度最为重要的实物。其中最大的编钟通高153.4厘米，最小的编钟通高20.4厘米，总共有65枚。经过测试，音域跨越了五个八度，比现代钢琴只少一个八度，中心音域十二个半音都很齐全，甚至可以演奏西方十二声乐律的乐曲。曾侯钟水平截面为椭圆形，在每个钟的正鼓位和侧鼓位可以分别敲出具有三度差别的两个音，即同一个钟可以发出两个不同音高的音，这就是过去不为人知的"双音钟"。曾侯钟无可辩驳地证实了，中国在公元前5世纪已经七声音阶，有了完善的绝对音高的概念，有旋宫转调的能力，这些从世界音乐史、世界数学史、世界科技史、世界文明史的角度来看，都是最高级别的震撼。

后人对古代巴比伦文明的评价一直是"有音乐、有数学"，如果用这种观点来看待两千四百多年前中国的水平如此高超的青铜编钟，不得不对公元前5世纪中国所达到的文明高度进行全新的评价与考量。

（四）春秋莲鹤方壶

莲鹤方壶就是春秋战国时期铜器的一件代表作，本为一对。此壶形体巨大，堪称壶中之王。通高118厘米，重64.28公斤，1923年于河南新郑出土。现藏于北京故宫博物院和河南博物馆。莲鹤方壶主体部分为西周后期以来流行的方壶造型，造型宏伟气派，装饰典雅华美。壶颈两侧用回首龙形怪兽为耳，腹部四角各攀附一立体飞龙，圈足下有两个侧首吐舌的卷尾兽，似乎在倾其全力承托重器。构思新颖，设计巧妙。方壶通体满饰蟠螭纹，这些蟠螭纹相互缠绕，似乎努力追求一种总体上的动态平衡。当然，方壶装饰最为精彩的是盖顶仰起盛开的双层莲瓣，以及伫立莲瓣中央的一只立鹤。仙鹤亭亭玉立，双翼舒展，引颈欲鸣，表现出清新自由、轻松活泼的感觉，形神俱佳，栩栩如生，令人叹为观止。

　　莲鹤方壶遍饰于器身上下的各种附加装饰，不仅造成异常瑰丽的装饰效果，而且反映了青铜器艺术在春秋时期审美观念的重要变化。郭沫若先生指出：莲鹤方壶的艺术风格已迥然有别于殷商、西周，在盖顶莲瓣中心立一张翅之鹤，全然超出了西周以上神秘凝重的氛围，显露出清新的气息。郭沫若先生以极富文采的语言，称道："此鹤突破上古时代之鸿蒙，正踌躇满志，睥视一切，践踏传统于其脚下，而欲作更高更远的飞翔。"可以看出，他这里所描述的，既是指莲上之鹤，又归纳了春秋时代青铜礼器之总体风格与趋向。当此之时，旧的礼制迅速崩溃，新的观念正在形成。表现在青铜艺术上，也正在开创一代新风，所以郭沫若先生说莲鹤方壶"乃时代精神之象征"，标志着中国艺术风格的一个新的开端。

古代篆刻与玺印文字

　　篆刻，自起源至今两千多年的漫长历史中，历经了十余个朝代。中国篆刻是由古代印章的制作和镌刻发展成为艺术的。"篆刻"和"印章"两个概念常常在广义上互相包容。狭义上它是一门以书法为主要基础，以刻制和拓印为主要手段，在特定的印面上进行创作，以表达作者审美理想的一种特殊造型艺术，多指向纯艺术范畴。而印章更倾向于实用，属于工艺美术的范畴。

一、篆刻概说

关于印章的起源问题，目前比较公认的说法认为其最早使用于商朝。如果要上溯它的源头，上古时代用于钤压陶器上花纹用的印模、青铜器制作中用于族徽符号的范母，因其在使用上与印章有相同的特征，亦可视为印章的滥觞。印章的起源，与人类的生产实践有关，是一定的社会经济基础上的产物，其特殊形态，必然为生产条件所决定，也受一定的政治因素影响。

进入战国时代，印章更被大量使用，达到全面发展的程度，从图纹（图像）印的制作，到文字的使用，印章在不断地创新。它是人民群众在生产生活中不断创造和丰富起来的，是集体智慧的结晶。

在汉代以前主要用于简牍的封检，称为"封泥"。魏晋南北朝，随着纸张的广泛使用，竹木简牍的封泥制度逐渐衰微，印章的使用方式自然过渡到平面。即以朱、墨涂于印面，直接钤于纸张或绢帛上，这为未来篆刻艺术的生成创造了一大前提。

至隋唐时代，鉴藏印开始在书画作品上广为使用，为后人考证鉴定作品的年代和真伪提供了很好的依据。宋代金石学有了很大的发展，印章的艺术性受到文人重视，人们不但有收藏赏玩古印的雅好，还把印章钤印于一本书上来集中展示，出现了印谱、印论一类的书，以及各类工具书。文人开始自己篆写设计印稿交于印工刻制，用于钤盖书画作品之上，以后，印章就成了书画作品上不可或缺的重要组成部分。

元初在赵孟、吾衍等文人士大夫的倡导实践下，构成了一个师徒之间的梯队，形成元朱文和汉印两种风格并存的发展格局。元代后期还出现了以王冕、朱珪为代表的自篆、自刻的文人篆刻家，王冕最早以花药石刻印，使文人找到了一种易于受刀又易于表现书法美的印材，加快了印章由实用艺术向文人艺术的转变，而且决定了明代以后印章艺术表现形式的发展方

向。在"大家"的共同努力下，印章终于从工匠手中解放出来，摇身一变，升格为一种高雅的艺术形式。

由元至明清，篆刻按照其自身的规律发展着。明清之际，印人辈出、流派纷呈，出版了大量的印谱、印论，出现了文人流派篆刻艺术发展的高潮，迎来了篆刻史上空前繁荣的局面。如果说先秦古玺、秦汉印是实用印章艺术的高峰，那么，明清流派篆刻则是文人印章艺术的高峰，这样，在中国印章史上构成了双峰并峙的局面，前者是后者取之不尽的创作源泉。自此，印章彻底地从壮夫不为的"雕虫小技"演身变成为文房清玩中的重要角色，篆刻家们在方寸之间尽展万千气象，将篆刻艺术一步步发扬光大，为后人创造了丰厚而宝贵的精神和艺术财富。

纵观印章的发展，可分为三个主要阶段。从印章的起源至魏晋南北朝时期为实用印章艺术阶段，元明以后为文人印章艺术阶段，唐宋则为介于二者之间的衔接阶段。在漫长的发展过程中，印章紧密地与权力、宗教、政治、军事、商业、法律、民俗、文化、艺术等相结合，在各个领域发挥了其独有的作用。

其实，印章并不是我国独有的艺术形式。在世界四大文明古国的历史上，都曾经有过这样一个共同的文化现象——那就是印章的拥有和使用。随着时间的流逝，其他三个古国（古印度、古埃及、古巴比伦）的印章都逐渐衰落下去，只留存于历史的长河和人们的记忆之中，只有我国的篆刻艺术得以延续并发展，为历代人民所喜爱，并给世界上一些国家和地区以影响。

北京2008年奥运会期间，篆刻艺术被成功运用于会徽的设计之中，还赋予了它一个响亮的全新的名字——"中国印"。古老的篆刻被赋予了新的生机和活力，它必将随着我们伟大祖国的复兴而真正走向世界，独立于世界艺术之林，成为世人共同享有的文化瑰宝。

我们今天重温这门古老而伟大的艺术，就是要鉴古开今、继往开来，以无愧于历史给予我们的伟大馈赠。

二、古老的先秦玺印

（一）神秘的西周玺印

先秦时期印章通称为"玺"，所谓"尊卑共之"，秦始皇统一天下后，规定只有天子的印章才"独称玺"，其他人的则叫"印"或"章"。据考古发现，我国最早的印章是 20 世纪 30 年代初出土于河南安阳的三枚商朝铜质玺印，曾为著名的古文字学家、吉林大学古籍所三老之一的于省吾先生所得。据文字学家考证，这三方铜玺上的文字可能是氏族名或氏族首领的私名，奇字玺与"亚禽示"玺现藏台北故宫博物院，另一方已下落不明。它们的发现为我们提供了玺印起源的物证，让我们看到了中国最早印章的基本形态。其材料为铜质，形状为方形，由印面、印台和印纽组成，大小约今尺一寸见方。印面铸（凿）有文字或徽识，印体不厚，印纽是原始的质朴形状，纽处有穿孔，以利于系绳佩戴。印面文字或图徽有确切意义，表明了印章的实用性或某种凭信。商代人创造的这种印章为后代的印章初定了一个模式，是后代印章得以演化成艺术的基础。

西周时期的玺印实体亦有出土，其形制和风格与以上三方玺印基本相同。

绞索钮双联图像玺 1980 年于陕西扶风县黄堆乡云塘村农民在西周中晚期灰坑中发现，由两部分组成。上部为三角形，下部为圆角长方形，为典型的图纹印，是否具有"印者，信也"的含义，还值得探讨。

方形凤鸟铜玺 1980 年于陕西扶风县法门乡庄白村西周中晚期灰坑中发现，印上云纹、凤鸟纹为西周典型纹样，可能含有某些图腾或家族徽志意味。这种图纹印与同时出土的陶器、铜器上的纹样十分相似，可以断定是抑按陶器图案或作青铜器母范抑压花纹之用。表明它并非凭信之物，而是一种劳动工具。人们把此印与其他的一些西周印比较，发现了一个共同特征，即印体较薄，鼻纽粗简。图案线条精炼工整，在有序中显出一种生动自然

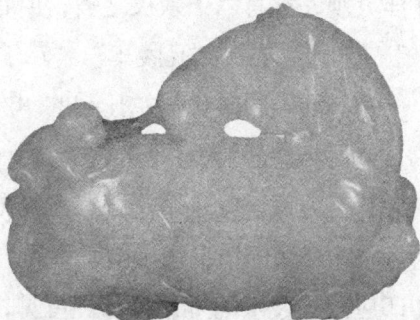

之美。

西周陶印 1988 年于湖北宜昌市长阳香炉石商周时代遗址发现，两印有长形把手，印面为椭圆形，图案较简练粗糙，应该是抑印陶器之类的戳记。

"令司乐作太宰埧""闾作召埧""令作召埧"此三件抑印陶文为西周印章抑印实例，收录于《三代秦汉六朝古陶》一书中，其中"闾作召埧"原印为阳文，有边栏，显然与后世印章所表达的方式已基本相同，让我们看到了西周时期成熟的文字印。

(二) 多姿多彩的春秋战国玺印

春秋战国时期，王室衰微，小国林立，战事频仍。他们之间的会盟风气盛行（据《左传》所记约有一百多次），外交活动极为频繁。春秋时，铁工具已经开始使用，农业生产力逐步提高，促进了战国时期列国手工业和商业的广泛交流和发展。加之奴隶制瓦解，封建生产关系建立之时，社会的深刻变化需要一种代表权力、昭示信用的印信出现。同时商品交换日益频繁，也需要有一种信用的凭证，以保证货物的安全转徙或存放，印章就是在这种情形下，为满足实用取信功能而由人民群众创造出来。因此，商周时期主要用作徽识的印章，在春秋时期衍生出"印者，信也"的主要功能。被广泛应用于社会政治经济等各个领域，印章得以全面发展。

相对于已出土的数量极少的商周玺印而言，春秋战国时期的玺印数量可谓洋洋大观，竟有六千余枚之多，但春秋时期玺印还为数不多，"王子乙""王子""上士之右""高陵车""君子之右"等即为代表作。

据与孔子同时代的左丘明的《左传》记载："季武子取卞，使公冶问，玺书，追而与之。"大意是鲁襄公二十九年（前 544 年），襄公给费康王送葬后返鲁，行至方城，发生了季孙宿占据刘邑的原因。这一段记载，主要描述了春秋时期玺印使用的情况。这里所说的"玺书"，即用玺印钤抑泥封后的简书，这是玺印应用的最早的可靠记录。可见，春秋时期玺印作为一种凭信的工具已用于政治活动。

又据文献记载，战国时代《周礼》一书中有三处提到玺（或玺节）。都与"货贿""物""凭信（节）"有关，说明印章的起源与社会经济有密切的关系。其中《周礼·秋官·职金》记载："辨其物之微恶与其数量，又以印封之。"说明当时流通的货物是用盖有玺印的标签木牌加以封存的，真实地反映了玺印用于经济活动的情况。

春秋战国时代百家争鸣，各种学说盛行于上层社会，在这种文化氛围里，古玺的制作者必然会受到百家思想的影响，体现在印章上就是自由和创新处多，束缚和重复处少。再者，印章在长时期的演化发展过程中也会留下不同时代的痕迹，故春秋战国古玺印在风格的多样性上远非后世可比。

其风格特点具体表现为以下几点：

一是气息自然、古朴。那时各国文字互有差异，字的繁简、大小相差较大，同字异形现象也很普遍，具有一种自然美，不像后来统一为摹印、缪印的秦汉印那样平正、方直、单调。再者由于古铜印经长期剥蚀，历尽历史沧桑，早已棱痕泯灭，复归于朴，别有一种自然古朴之趣。"同自然之妙有，非力运之能成"。

二是印文排列散朗有致，奇异中有章可循。建立在随形书字基础上的古玺章法，大小、长短、正奇自然，不去故意铺满印面，相互之间穿插避就，参差错落，巧拙互见，奇崛多姿，得自然天成、浑然一体之妙。尽管大小随意，但也有一定之规，一般官玺为2—3厘米，私玺为1—2厘米，烙马印和长条形官玺则属特例。印文顺应右手握笔原则，先上后下，先右后左，左右分行，体现出秩序和节奏的变化。此外也有一些常规以外的形式，如上下分行，先左后右等，有的还采用"口"字形、"日"字形、"田"字形界栏来分格布字。

三是格式丰富多彩。除常见的正方形和长方形以外，还有圆形、矩形、三角形、椭圆形、半圆形、月牙形、菱形、六边形、凸形、L形、心形、盾形、桃形等。还有一种组合形式，有二方、三方、四方连珠，有方对方、圆对圆、三角对三角等形，也有方圆、三角形兼用者，还有一些无法形容的形状，花样繁多，想象丰富。

四是铸造和凿刻工艺精湛。由于材质不同，古玺在制作上有铸造（阳文铜印一般为

同印体一次铸成)、凿刻（阴文铜印可先成印坯，再行凿刻）和碾琢（如玉玺）之别，无论何种手段，均体现了当时的能工巧匠们先进的铸造工艺和非凡的凿刻水平。

春秋战国时期的官玺，约占存世古玺总数的30%，除艺术价值以外，这些官玺对于研究古代文字和考证古代官制、地理和历史均有十分重要的价值。

战国时期各国的官玺，多带鼻纽，纽上有孔，便于佩带。从形制上看，官玺绝大多数是正方形，也有圆形和其他形状，但数量极少。这些玺印方方正正的形制，展现出一种公正、庄严、端稳的神采和风度。而方正、谨严，正好是中华民族意识形态和精神作风的一种体现。无怪乎印章的这种形制能被后人认可并一直延续至今，成为中国历代印章最基本的形制。

秦玺印"工师之印"铜质铸造，鼻纽，白文，为秦国工匠之长大官印，现藏北京故宫博物院。秦篆比较整齐匀称，是后来统一六国后所颁行的小篆的基础，所以，秦国印文与其他六国区别较大。秦国官玺称"印"，这也是不同于其他六国之处。另外，"印"字最后一笔折向下曳，更是秦印文的典型特征。

秦玺印"泠贤"二印此二印一铜一玉，1975年秋出土于湖北江陵凤凰山70号墓，属于先秦昭、襄王时私印。均为白文，有边栏，符合战国玺印特点。大"泠贤"印文为典型的小篆，小"泠贤"则较简化，有明显的隶书痕迹，显然是当时民间通行的简化字——秦隶，亦即俗体。两印一正一俗，虽为一人的重要信物，风格却有差异。可见作者的匠心，反映出主观上对艺术美的追求。

秦玺印"泾夷桥长"铜质，白文，为泾河泾夷桥长之官印，现藏河南省博物馆。秦汉时，在桥梁上设官监守，起关卡作用。此印有田字格边栏，四字分布均匀，有典型的秦印特征，但读法特殊，比较少见。

楚玺印"大府"铜质楚国官印，八角棱形柱钮，长5.1厘米，宽5.8厘米，通高11.6厘米，为楚王室掌管收藏货物、宝器的机构，现藏北京故宫博物院。

此印为白文，有横"日"字格，印文与楚简相类，既严谨又浪漫，"大"字篆法为楚国所特有。两字虽大小、繁简不一，但布局自然稳妥，疏密有致，对比中见协调。两字笔画起止处与边栏相接，加之印文与边栏粗细一致，故整方印浑然一体，加上四边适当的残破效果，给人以苍劲、浑朴、生动、大气的艺术感受，富有楚文化的浪漫气息。

燕国烙马印"日庚都萃车马"这是一方十分诡异的大印（约7厘米见方），以章法之奇著称于世，是燕系玺印中代表作。其印文呈U形排列，大胆空出中心，这种图案式构图在古玺印中百不一见。左右靠边所产生的离心倾向通过下部大片长线条的连接得以有效弥补，这样的处理使得印面具有了上虚下实、上开下合、上独体下关联、上内闭下延伸的种种格调，这种格调再与线条的粗细、断连、方圆、润燥、曲直穿插结合起来，足以令人"玩之不觉为倦，览之莫识其端"了。让人难以想象的是，这样一件充满艺术想象力的伟大创造竟仅仅是为了一个简单的实用目的——烙马。

上古时代，马是人们出行、作战时不能缺之的好伙伴，故私有权的问题显得十分重要。于是就有了在马臀上烙印记以表明归属的做法，也就有了这方巨印的诞生。今人能得以一饱眼福，实在是一件幸事。

"牧民纹巴蜀符号玺"。巴蜀，是古代巴国和蜀国的合称。巴，以今重庆为中心；蜀，以今成都为中心。近五十年来，在这些地区出土了二百余方非汉字非纹饰符号的玺印，很多至今也无法破译，有学者称其为"巴蜀符号玺"。

此印出土地不详，铜质，面径3.8厘米。印面由骑士、马、戟、酒器组成。与简单的符号不同，此印应为巴蜀图语。表示的可能是巴蜀贵族骑士或首领在战斗前喂饱了战马，喝足了酒，准备拿起武器上马出征，富有生活气息，颇为珍贵。四物安排穿插错落，均衡有序，表现了古代匠师高超的技艺和丰富的艺术修养。

战国私玺存世量极大，那个时代百家争鸣，出现了许多学派和学说，故词语印或多或少要受到诸子思想的影响，是诸子思想在玺印上的反映，如"正行（亡）无私""思言敬事""明上""躬"。在成语印中比较常见的还有吉语玺，如"出入大吉""宜有千万"等。此外，图画印在战国玺印中也屡见不鲜，此类印主要佩戴在身上，大概是为了避邪，真正作用尚不明确。

三、丰碑耸立的秦汉印章

秦汉是中国文化史上重要的历史时期。公元前 221 年，秦统一全国，为加强统治，采取了一系列巩固中央集权制的措施，如"车同轨，书同文"、及统一度量衡等。文字上"罢其不与秦文合者"，将各国文字统一为标准的小篆颁令天下，这对入印文字产生了一定的影响。秦国虽国祚短暂，只持续了十五年，但在建立郡县制等严格而有序的新政治、文化体制方面有一定的贡献，印章上与春秋战国的"百家争鸣""百花齐放"相比，走向了规整工致的"秦印"。

中国古代文字

汉代历时长达四百余年，在经济、文化、科技及艺术等领域得到充分发展，成就卓著，光照千秋。"汉承秦制"，汉印最初亦延续秦朝规范，后独立发展。和秦印相比，汉印不但在形制、纽式等方面愈来愈精美，而且在印面篆文的技巧处理和章法的多样变化上亦非前代可比，其所包含的艺术形式美一直被后世奉为最高典范。

秦印所用文字主要是小篆，虽纳入方格，笔意多取圆势，有时还带有先秦大篆的风格，西汉中叶以后，印章基本上不用边栏界格，汉武帝前后，"摹印"所带有的小篆尚圆形态开始消退，代之而起的是方折笔画的大量出现，表现出隶书对摹印的直接渗透。汉印亦采用阴文，字多平正，笔画厚重，填满印面，显得敦厚整齐，均满雍容，具有极高的审美价值。

秦汉印章是中国篆刻史上耸立的第一座丰碑，"印宗秦汉"也就成为印人的座右铭。

（一）秦印

与等级森严的政治体制相适应，秦官印最显著的特征是建立玺印的等级之制，即从称谓、印材质地、印纽形式等方面加以区分，从而体现秩序与权威，也确定了其独特的审美形式。

天子印独称"玺"，又称御玺，材质为玉，螭虎纽。据史料记载，秦始皇玉玺共有六方，即"皇帝之玺""皇帝信玺""皇帝行玺""天子之玺""天子信玺""天子行玺"。六玺之外，还有一传为用和氏璧雕制的蓝色"受命于天、既寿永昌"玺，这就是汉以后始称的"传国玺"。

臣下印章称为"印"，依据职位高低而用金、银、铜等材质，多以铜质为主，纽式也有相应的区别。秦印据"水德"的原理皆用偶数（二字或四字，三字、五字者极少见）和阴文（即白文，因笔道凹陷不沾印泥，故印到纸上笔画为白色）。

秦官印强调统一的格调。一般为方形，大小尺寸有具体规定，方形印面为2.2—2.4厘米；官阶较低者用印多为长方形，大小为正方形官印的一半，后世称为"半通印"；方形印面有"田"字格或纵格，长方形印面有"日"字格，虽对文字有所束缚，但工匠却能在束缚中获得最大限度的自由，方寸之间创造出灵活生动的艺术形式。

秦私印虽受官印影响，但相对自由一些，印面形状除正方和长方形以外，还有圆形、椭圆形等。印文因形设计，方中寓圆，顾盼生姿，疏密、收放等对比关系处理得较好，艺术性更高。

昌武君印此印即为标准的田字格印，整饬干练。印文笔画劲挺，章法匀称，显得秀逸雅正。此印章法上有独具匠心处，如"昌"字下面省去一笔，"武"字反写，这种艺术化的处理是为了整体的匀整。

上林郎池"上林郎池"是秦始皇所拥有的上林苑中十池之一，此印即为管理者的官印。形状略呈长方，"上池"二字较为灵活，尤其是上字竖画呈S状，短横又斜向右下，更显流动多姿。边线四角残破自然，破除了方格形成的直角，与印文圆转之笔相呼应，方圆互见，非常自然。

右厩将马此印文字斜角对读，比较特别，也有人认为应读作"右马厩将"。全印看起来方方正正，似乎平常无奇，实则暗藏玄机。其中"右"字偏左，

"厩"字偏右，"将"字实左上而偏右下，"马"字居中，这样安排的目的显然是想破除单调平板，显得静中寓动，错落有致。

商库、焦得此二印为日字格印，"商库"为秦官印。众多横画尽管排叠紧密，但不沉闷单调，而是有微妙的疏密、曲直、正斜、收放变化。上部边栏的残破增加了几分苍茫浑朴之气，和下部的齐整形成虚实对比，也利于衬托出下部的沉稳。"焦得"为秦私印，"焦"字变上下结构为左右结构，且左宽右窄，正好与下面"得"字的左窄右宽形成呼应，既有对比，又顾盼生姿。整体来看，上字扁宽，下字修长，斜笔、曲笔多于直笔，更显生动自由。

（二）汉印

我们习称的汉印实际包括西汉、新朝和东汉三个时期的印章，时间跨度为四百余年，聪慧勤劳的汉朝匠人有充分的时间来发展完善印章艺术，造就了汉印在印章史上无与伦比的辉煌艺术成就。

刘邦建立汉朝之初印制一依旧制，后随着文景之治的到来而略有改观，象征秦印的田字界格开始取消，文字多带隶意，逐渐向平方整齐一路发展。汉武帝太初元年（前104年）"官名更印章以五字"。但五字印严格限定在俸禄二千石以上级别的官职，丞相、诸卿、将军、太守等才有资格，如"上将军印章""合浦太守章"。传世汉印如"光武将军章""校尉之印章"，汉封泥如"丞相之印章""御史大夫章"都是武帝太初以后新颁发的印章。自此，汉印从旧制中解脱出来，以一种全新的姿态走上历史舞台。

公元8年，王莽称帝，国号为新，印制上也注入新的成分，规定五字印尊卑通用。并规定二千石以上官印称"章"，二千石以下官印称"印"。还规定部分官印可用六字，布字分三行平均分配，如"广汉大将军章"，这直接影响到五字印布字，往往是最后一字拉长独占一行位置，如"定胡军司马"。这一时期的官印采用缪篆体，和西汉、东汉区别明显，相比之下刻制水平最高，也最为精美。

王莽改制时，经过甄丰等一班儒士的再三推究，将"摹印"更名为"缪篆"。取其结体绸缪缜密之意。因为"缪篆"允许在"六书"的基础上对篆文笔画进行增损与变形，这给印章制作者以较大的创作自由。汉官印多笔画端重丰腴，填满字格，极为大气，如"广陵王玺""甘陵厩丞"。公元 25 年，王莽的新朝被刘秀的东汉王朝取而代之。印制上虽又恢复到汉家旧制，但印章体制并未打乱，仍保持着汉印发展体系的连贯性。

汉私印紧随官印发展步伐，但表现形式相对自由多样，不像官印那样被制度约束得那么严格。私印中鸟虫书运用的例子较多，如"王武""武意"，主要表现为笔画由鸟之首尾组成，刻印时又加入虫、鱼等来装饰。迂回曲折，美轮美奂，具有美术化倾向。

与古玺在艺术表现上多依靠空间排布的结构之美相反，汉印的艺术表现更注重线条之美的价值，更见细腻、浑朴、自然。从表现手法看，除阴文、阳文之外，还有阴阳互用者，如"杨子方印""田破石子"，图文合印者，如"王昌之印"；就印体而言，有单面印、双面印和套印（套印形式是大印套中印，中印套小印，小印藏于大印腹内）。

一般而言，印制材料的不同决定了制作方式的不同，从而体现出不同的艺术风格。两汉时期的印材种类较多，可分为金属类（金、银、铜、铁等）、石质类（玉石、玛瑙、滑石等）和其他材质类（骨、牙、木等）。

金属印制作方式可铸、可凿、可锥画。铸印（有泥模和失蜡法）费时，但大多精美复杂，典雅端庄，一般适用于文职官印和私印。凿印大多情况下是为了应付战争急拜将领之需，因制作仓促草率，故称"急就章"。从艺术角度看凿印有痛快淋漓、恣肆奔放之美，如"平远将军章""鹰扬将军章"。至于锥画印，就更显草率单薄了，如"威远将军章"。

石质类印章因组织结构不同，硬度也不一样。玉石最为坚硬，又温润洁净，历来为文人士大夫们所激赏，常赋予它人格化象征意义，故有"君子比德如玉"之说。"玉不琢，不成器"，不反复雕琢不能成形，雕琢出来的玉印多端庄精美，如"皇后之玺""魏霸"。玛瑙亦为美石，为汉人所重，以之入印，同玉印一样，有温文尔雅的气质，如"桓启"。石质印中还有一种滑石印，因较软，用指甲可划出痕迹，主要作为明器用于殉葬，因出急殁之故，相对于铜、玉印来说水平未免粗陋。木质印易朽，故不多见，至于骨、牙一类的印章，出土数量就更少了。

总之，汉印以端庄典雅、精致大气为尚，成就辉煌。我们以汉印为篆刻的代表，如同我们以唐诗为文学的代表、以宋元绘画为美术代表、以晋唐书风为书法代表一样，它们都具有领挈万世的永久艺术魅力。

此外，汉印中还有一部分图像印和鸟虫篆印，数量多，且艺术水准高。

其一、图像印

亦称肖形印、肖印、象形印、画印等。是指在印面上铸刻人物、车马、动物、建筑物等图像或花纹，往往是以简练抽象的形象表达一定的寓意。注重以形写神，形神一体。

印章自产生以来就一直朝着两个方向发展：一是有文字的官私玺印；另一个就是图像玺、图像印。玺印上的文字或花纹不过是封检者自己做的防止别人拆看的标志，一部分图像印是作为压印图文之工具而普遍使用；还有一些是带有吉祥色彩的图像印（如麟、凤等），是人们佩戴以保福寿安康的神物，其功用与吉语印类似。

早期的图像印图像较简单，一般只有四灵（青龙、白虎、朱雀、玄武）或人像等。后逐渐丰富起来，有人物、鸟兽、虫鱼、车马、建筑物、花叶，也有错综变化的图像，几乎涵盖了社会生活的各个方面。

由于印章方寸之地的局限性，使得图像印的图案均较简省变化，大都采取点线面结合的手法，洗练概括，富有立体感和动感。因寓意深刻，深为百姓所喜爱。图像印还有配以文字的，图文并茂，变化多端，形式上很有装饰意味，充分体现了中华民族所特有的审美观和无名匠师的伟大创造。

其二、鸟虫篆印

古有鸟书、虫书之名，继有殳书、云书之谓，近世泛称"鸟虫篆"，是对富有装饰图案美的篆字的美化。其一点一画都是对夔形鸟迹的概括和夸张，是一种经过"浓妆艳抹"式的精加工组合而成的"美术字"，追求华美奇妙之情调，极尽篆书表达象形艺术之能事。这种文字书写繁难，不利于普及和推广，只用于春秋至汉极少数的剑、戈、矛、壶、钟、印及瓦当之中。我们今天能有幸见到的鸟虫篆文字有：春秋越国的"越王者旨于赐矛"、吴国的"吴季子之子呈之剑"、蔡国的"蔡侯产剑"。还有1968年河北满城出土的西汉一对铜壶上的精美的错金鸟篆铭文。

在稀若晨星的鸟虫文字中，玺印里的存量堪称大宗。尤其是两汉时期的鸟虫篆玺印迄今所见不下四五百枚之多，均显示了古代无名艺术家们的高超技艺。

其线条上的特点主要有：曲多直少，极尽曲折委婉之能事；繁多简少，极尽繁杂之能事；圆多方少，极尽婉畅之能事；添加花饰，极尽复杂之能事；粗细穿插，极尽变化之能事。

其章法上的特点主要有：

一是抓住一字中统帅全局的偏旁或部位刻意繁饰，通过繁简对比，既增加生动之趣，又不失稳定庄重。如"马申"印中就是对申字中间一直笔反复扭旋，古玺"生"字抓住中间横画繁饰，"日利"印中"日"字之间横画繁饰为一飞鸟之形，鸟头部两侧空间也像鸟尾巴一样处理成碎笔，以填满"日"字空白，使全印看起来充实饱满。这种手法在1700年后的吴昌硕那里曾得到运用，可见传统永远是出新之源，不能舍本逐末。

二是印文绸缪缭绕，以饱满丰茂为基本格局。唐宋以降印章上出现的"九叠文"就是导源于鸟虫篆，如"家监之印"。当然九叠文和生动自在的鸟虫篆相比，则要单调、呆板、程式化很多，其艺术内涵在某种程度上是要大打折扣的。

鸟虫印以丰满为主调，疏灵为协奏，如"杜印子沙"，可谓密不容针之至，但细细品味你会发现，其每一笔的起收处均处理成灵动的尖状，这样就起到了调节满缺和虚实的作用，真是暗藏玄机，毫发死生，怎能不令人拍案叫绝。"杨玉"印则大面积留白，以加大疏密虚实反差，使对称中有变化，更富有抒情意味。

三是挪移偏旁、反书。为使章法协调和达到篆法的意畅神流，往往采用这种非常规手法，好比诗之押险韵，成败在此一举，非常难得。如"辟兵龙蛇"印，"龙"字反写，使缩小的"龙"字右旁稳妥地置于椭圆边栏一侧，很好地利用了图形的局限。"蛇"字则变左右结构为上下结构，以适应窄长的格局，化平常为奇崛，令人赞叹。

四、印章与书画的联姻——唐宋鉴藏印

魏晋以来，伴随着纸张的广泛应用，我国的书画艺术创作进入到一个崭新的时期，一时名家辈出，名作纷呈，于是收藏鉴赏艺术品的收藏家和有关机构亦相伴而生。

在我们的印象中，书画作品的名款下一般都要钤盖印章，以表明著作权，此为书画款印。这也是后人鉴定作品真伪的一个重要依据，但和鉴藏印还不是一回事。鉴藏印是鉴定者在鉴定作品为真迹后，在所鉴定的作品上或副页上所盖之印，印上是鉴定者之名，以表示对鉴定结果负责。从历史的角度观之，鉴藏印的出现要晚于书画款印。

那么，鉴藏印到底出现在何时呢？据唐人记载，最早的鉴藏印是一方东晋仆射"周凯"白文小印，但那时使用鉴藏印还未形成一种社会风气。自晋宋至周隋，书画鉴定只签名不盖印，后来才用印章来代替。如传世王羲之父子的作品上常有后世人的签名，王羲之《奉橘帖》上签名最多，有隋代的诸葛颖、柳顾言、智果及宋代的欧阳修、韩琦等十余人。据史载，真正的鉴藏用印之风是从唐御府开始的。唐太宗有"贞观"二字连珠印，唐玄宗有"开元"二字长方印，这两方朱文印虽未有鉴定字样，却是鉴定性质，是后世鉴藏印的开始。后来还有"集贤（之）印""密阁（之）印""弘文之印"等。五代南唐国内府藏印有"建业文房之印"、"内殿图书""集贤殿书院印"等，两宋（包括金）御府鉴藏印以宋徽宗、宋高宗、金章宗朝最为著名，有"大观"瓢形印、"政和"、"宣和"、"绍兴"连珠印，以及较大的"内府书印"方印，金代有"明昌御览"大型印，等等。私人鉴藏印数量较大，各代累积起来数不胜数，著名者如唐王涯有"永存珍秘"印，宋米芾有"米芾秘箧"印，王诜有"晋卿珍玩"印，蔡京有"蔡京珍玩"印，贾似道有"丘壑图书"，等等。

鉴藏印大致可分为两类：一类是用于书画赏鉴、审定与收藏的印章；一类是用于图书典籍收藏的印章。印文多为精细的朱文细笔、细边，忌讳用粗画宽边，以免污损书画。

鉴藏印与书画的结合，表明印章向艺术化又迈出了重要的一步，此类印章持有者与使用者的社会地位、政治地位和文化修养非同一般，这就决定了鉴藏印在自身性质和使用方法上与普通官印和私印的不同，有着独特的艺术魅力和价值。

五、五代及宋代书画款印

目前所见最早的书画款印实例为五代杨凝式《卢鸿草堂十志图跋》跋尾处的"凝式"小印，作为款印来说，这尚属个别现象，但正是在这样的实践影响下，书画款印至宋代开始迅速发展起来。

北宋大文豪欧阳修在《致端明侍读书》上钤盖有"六一居士"印，此为宋代已知最早的一例款印。此后画家文同在范仲淹"道服赞"卷后钤盖有"东蜀文氏"印，苏轼"眉阳苏轼"印见于他的《南轩梦语帖》，"东坡居士"印和"赵郡苏氏"印见于其《祷雨帖》，米芾此类印拥有量最多，故宫收藏一件《兰亭》褚遂良摹本，米芾在跋尾处一连盖了七方印，分别为"米黻之印""米姓之印""米芾之印""米芾""米芾之印""米芾""祝融之后"。世传米芾用印皆为自刻，宋代文人画开始盛行，文人治印的苗头那时就已经有了。当时印材为牙角晶玉，质地坚硬，不易受刀，所以镌刻较粗糙，与他同时代的欧阳修、苏轼等人的精细印文相比，的确是大异其趣。

在这些大书画家的影响下，书画款印的应用到南宋已普及开来，每件书画作品的名款下都能见到不少于一方的印章。从印章的内容到钤盖的方式，从钤一印到数印并用，从大小统一到大小、方圆、正奇等相配用，均从整体美观上考虑，使款印成为作品中不可或缺的有机组成部分。这种结合还确立了红色在艺术品中的地位，红色印泥以其鲜艳、强烈、醒目的视觉效果引起观者的注意力和兴奋感。朱墨相间本是中国配色传统，易被人们所认同和接受，加之印章自身所注入的艺术因素，它同时又是学养、品味和身份的象征，从视觉上充实了人们的文化心理需求。这一切都表明印章实现了由自发到自觉的转换，印章由实用走向美观，是印章篆刻这一技法逐步形成专门艺术的客观条件。

六、元花押印和元朱文印

（一）元花押印

花押印也称"押印""署押印""元戳""戳子"等，就是将画押式样刻入印章中，以代押字之用。世称"元押"，因为它是元代印章有别于其他时代的重要标志。

押字和花押印的狭义概念有所不同。押字，又称"花书""花押""署押"等，是指草书签名。古人签名多用草书，往往为了美观和不易被人模仿而设计成特殊符号；而押花印是指用押字所刻的印章。说到"花押"的开始，还有一个传说。

相传唐中宗时有个人叫韦陟，喜欢用五彩笺作书札写信，但他名士气太重，每写信时都要由婢女代笔，自己口授，最后签名时才由他来亲自完成。签名多了，他就开始别出心裁地把"陟"字写成了五束纷披下垂的云朵，时人称"韦陟五朵云"。这时还未将押字入印。

其实，早在北齐后主时，就已经有了官方文书用集体签名的办法。此类签名都不作楷书，而是作花押式。所以说韦陟并非第一个用花押之人，也许他是把花押用于私人书札往还的第一人吧。

花押署款萌于汉晋，盛于唐宋，而以手书签押刻入印章作为凭信则在元朝。那么元代何以盛行花押印章呢？明陶宗仪在《南村辍耕录》中说："今蒙古色目人之为官者，多不能执笔花押，例以象牙或木刻而印之，宰辅及近侍官至一品者，得旨则用玉图书押字，非特赐不敢用。"以陶宗仪的解释来看，游牧民族出身的蒙古色目人多是文盲，精于骑射，骁勇善战，执政后对汉字深感陌生，对古老的篆字就更不通了。于是，执笔花押为固定押字（花押印）所替代，由此引发了元代大盛花押印章的风气。

故而花押在过去又称元押——它是专属于元朝的。

相传五代后周时就已经将手书签押入印以代押字了。宋代更有大批花押印出现，北宋自开国皇帝宋太祖、太宗、仁宗以来皆有花押书传世。宋人周密还在《癸辛杂识》中记载了宋代十五位皇帝的御押，至于朝中大臣如王安石等都有押。押印之所以盛行，使用起来方便是一原因，其笔画奇特、难于作伪更是一重要原因。至于蒙古人入主中原后，因不识汉字而大用押印，则起到了一个很好的推波助澜作用。

元代花押印均为朱文，以长方形为主，表现形式多样，主要有：上一字是楷书汉姓，下一字是花押。此类形式多为竖式长方形，印文楷书略带碑志书体或行书意味；楷书汉姓加八思巴文"记"字。此类形式除"记"字有变化外，其余特点同上；八思巴文姓氏后加押。形式仍为竖式，只是姓氏所占空间位置较长，而"押"字较短；汉姓独字押。这类形式有长有方，还有扁方的。印文多在楷行书之间波动，与边框相隔较空，此类花押印占元押印多数；单纯的图像押。此类比较少见，但形式多样，有圆形、葫芦形等，装饰性强，被赋予了一定的民俗意义。

元花押印的艺术特色主要表现在以下几个方面：

其一、造型丰富，除正方形和长方形以外，还有圆形、菱形、人物形、花卉形、动物形以及各类仿古器物形等。每一种形式的造型又呈现出多变性，如正方、长方往往是方中带圆，生动活泼。

其二、印文以当时已通行的楷书为主，八思巴文、缪篆等书体间或有之。楷书入印有诸多劣势，如笔画多平直生硬，结体也有相对的稳定性或平庸化，很难在方寸之间产生笔墨情趣和气势，相反会容易产生呆板、单调之弊。因此，元押印并没有彻底推翻过去另起炉灶，而是既融入了秦汉印的优良传统，又加入了北魏书法的返璞归真、率意自然的艺术风格，还参以行草书意味。经此合理搭配，既能整体风格统一，又能灵活多变，上下脉络舒畅，犹如手写，不拘程式，体现出可贵的时代气息和崭新的创造精神。如"费""魏""赵""张"

中国古代文字

"孙""飞""席""刘"等印。

其三、元花押印中有大量图文并茂的样式，它是以图案内容美化装饰、组成名字花押来代替署押。它不但继承了秦汉图像印、石刻画像的旨趣以及汉代瓦当艺术中强调物象的艺术特点，最根本还在于它融合了中国绘画艺术中写意画风和书法艺术中的笔墨技巧，更富于艺术感染力，在普通老百姓那里最受欢迎。

总之，元代押印的最大贡献在于能够冲破已有固定程式，走向另一个更加耐人寻味的大千世界。无论其形制和花押形态如何变幻，其楷书体势都带有拙朴的天趣和野逸宏大的艺术倾向，这是花押印最具特色和魅力之所在，其注重艺术性的表现手法对明清以来的篆刻家产生了积极的影响。清人吴大澄在《古玉图考》中著录了一方明思宗的龙钮青白玉押印，与其亲笔签押一模一样，很有艺术性。

楷书入印和篆书入印，共同构成了中国篆刻艺术的整体面貌，其意义无疑重大而深远。

（二）元朱文印

元朱文印即元代的朱文印，也叫圆朱文印，为元代大书画家赵孟首倡以玉箸篆（李斯小篆）入印刻细朱文的一种印文字体样式，"元"后来变为"圆"，是因为小篆入印圆转妩媚，如春花舞风，风格迥异于秦汉印等，故用这一特定的字体名称固定下来。清篆刻家丁敬还称"圆朱文"为"园朱文"，无论是此"圆"还是彼"园"，都是以形象来命名一种新兴的印文字。已超越其原有时代的局限性，进一步向前发展。

秦汉印以白文（线条刻掉呈凹陷状，钤盖后线条为白色。朱文则相反，线条突起为红色）为主，文字主要是小篆的印用体"摹印篆"和"缪篆"，字体方正，易于补白，朱文则很少。在汉吉语印中出现过使缪篆带有明显委婉流动气象的朱文印，非常精美，如"巨蔡千万"印。

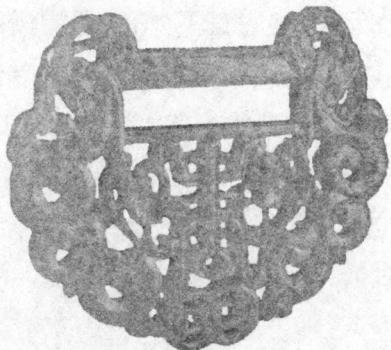

魏晋后，用印制度有了重大变化，从原来抑于印泥转为印于纸上。官印皆为朱文，印面加大。南齐"永兴郡印"，字体盘曲圆转，开缪篆和小篆合作朱文巨印之先河。

隋唐官印沿袭了此风，由于当时人们既不熟悉缪篆，又疏远于李斯小篆，故圆转流动、略带装饰性的印文多奇趣而少古意，以致在宋以后发展为盘曲缜密特甚的"九叠印"，如"内府图书之印"。九叠是泛指，取其折叠多层的意思，这一格式一直沿用到元明时期，愈来愈呆板，像编织物一样，整齐划一，绝少天趣，无多少艺术性可言。这是官印的没落，私印则另有一番景象。

宋代以来，帝王、大夫的鉴藏印、自用印、斋馆印开始流行，苏轼、米芾等书画家对私印的关注和参与，使小篆印文比起同时期的官印要规整且合乎法度，如苏轼"赵郡苏氏"印、贾似道"似道"印。元赵孟頫高举复古大旗，精研六书，倡导以李斯玉箸篆入印刻朱文，使宋代以来文人参与篆刻成为一种风尚。其中还包括吾丘衍、钱选、王冕等人的理论与实践，以及石章的使用等。赵孟頫的"赵孟頫""大雅""松雪斋""水精宫道人"，王冕的"竹斋图书"，朱德的"存复斋"，杨维桢的"水南山北"等元朱文印都是这一时期的佳作。

宋元的朱文印创作是实用印转变为文人篆刻艺术的一个标志，直接导致了明清流派篆刻的兴起。明代的文彭、何震、汪关等所刻朱文印直以元朱文印为祖，何镇继承文彭，成为皖派的开山鼻祖，影响巨大。清代浙派印人以切刀刻元朱文印，增加了线条质朴感，但结体还是元朱文。随着书法、特别是篆书艺术的复兴，清中叶以后出现了邓石如、吴熙载、赵之谦、黄士陵等篆刻大家，在元朱文的基础上刻出了自家风貌，成为流派篆刻的典范。

总之，元朱文印美在线条精致舒美、简洁遒劲，将我们带进了一个富丽堂皇、宁静典雅的艺术"世外桃源"，其中蕴含的勃勃生机必将引发更多印人的探索。

七、不闲的"闲章"

　　闲章又称词句印，因不作凭信符号，故无主人姓名、字号、别号，也无其室名斋馆名称。它主要反映主人家世、身世、功名、志趣、逸兴、癖好、求愿，以及对人世、人生、艺术的感叹和想法，因此文化底蕴更深更浓，绝不是随意为之的无聊之作。"闲章不闲"，已成为人们的共识。闲章突破了名章的局限，在内容上和形式上获得了更为广阔的驰骋空间，故数量很多，深为世人所喜爱。词句印的作用不仅在篆法、刀法的欣赏，借清词丽句，或言志、或抒怀，方寸之地，表现出文人极为丰富的精神世界。印文的这种扩展是一个重要标志，它使篆刻开始与书法、绘画并驾齐驱，成为中国文人艺术的品类。

　　镌刻词语、诗句的闲章，其雏形可上溯至战国时代的成语印。内容多是当时为人处世的箴言或祈求祥福的吉语，与取信的印记功能已有难分之倾向。秦汉吉语印传世较多。秦吉语印有：日敬毋治、敬事、思言敬事、宜民和众、壹心慎重、和众等。汉代吉语印有：日利、今日利行、益意、永寿康宁、长富贵乐毋事、长寿万年、万寿无疆等。汉印中有些两面印，一面刻姓名，一面刻吉语，如"许昌"两面印，另一面刻吉语"日利"；"王宪将"印，另一面刻"日入千金"。也有两面都刻吉语的，如一面刻"长乐"，一面刻"大年"二字。也有多字词句专印，如"建明德，子千亿，保万年，治无极"十二字白文金印。

　　以上所说吉语印多佩在腰间，取其吉利，后来此类印转变为"成语印"和"世说印"，主要钤盖在书画作品上，起点缀作用。据记载南宋贾似道有"贤者而后乐此"一印，印样未见，一般认为是"成语印"的开端。元初赵孟有"好嬉子"三字印，元末王冕有"会稽佳山水"五字印。寄托文人思想情趣的闲章真正成为流行风气，是在石章普遍使用、促使文人自篆自刻的明代以后，晚明篆刻家文彭、何震、苏宣、李流芳等人，都刻过大量的诗词名句。"努力加餐饭""痛饮读离骚"之类词句层出不穷，成为一时风尚。至清初篆刻家有将整篇文章刻于石上者，每句一印，洋洋大观。此类印多制成印谱流传，如陈鸿寿就曾刻有《陋室铭印谱》一册，这可以说是词句印中的别格。

闲章内容或摘取前人诗词、文句、警语、箴言，或取义于前人典籍中传说、典故，或根据自己志趣爱好自撰。均为主人心灵独白，含义深邃，不仅自娱自乐，更有自励自勉、自嘲自虐，淋漓尽致，耐人回味。现举一例，以见一斑。

清何绍基是嘉道间著名书法家、诗人、学者，他有一枚这样的夫子自道闲章，印文为："读异书，饮美酒，赏名花，对丽人。"

"读异书"，眼福也。古人有四季《读书之乐诗》，即春天"读书之乐乐何如？绿满窗前草不除"，夏天"读书之乐乐无穷，瑶琴一曲来熏风"，秋天"读书之乐乐陶陶，起弄明月霜天高"，冬天"读书之乐何处寻？数点梅花天地心"。何况更有"雪夜闭门读禁书"之乐呢！能够读到所谓的"异书"自然是最大的福分了。

"饮美酒"，口福也。酒与文人历来有不解之缘，魏晋时期的"竹林七贤"皆终日酒不离口，何等风雅快慰！唐李白、张旭等"饮中八仙"更是"在有酒时舞墨，于无佛处称尊"，张旭惊天地、泣鬼神的狂草，李白"天子呼来不上船，自称臣是酒家仙"的名句，可谓豪情万丈，传颂千古。文人交往、创作、抒怀好像都离不开"一壶浊酒"的刺激，更不消说有甘之若饴的美酒为伴了。

"赏名花"，心福也。文人赏花不仅用眼，更是用心。无论是"疏影横斜""暗香浮动""凌寒独自开"的梅花，还是"独得天地间清真之气""不与树争高、不与花争艳"的兰花，亦或是"未出土时先有节，及凌云外尚虚心""依依君子德，无处不相宜"的修竹，还有那"独立凌冰霜""此花开尽更无花"的菊花，都寄寓了文人无尽的情思，都被赋予了人格化的象征意味，令人赏心悦目。

"对丽人"，艳福也。丽人乃美人，一颦一笑、举手投足间可谓百般滋味，千种风流，悦目养心，自不待言。大作家冰心说："没有女人，世界上少了百分之五十的真、百分之六十的善、百分之七十的美。"女人是"真善美"的化身，岂有不好之理？故古今中外的文学史上，总会演绎出不知多少才子佳人间缠绵悱恻的感人故事。

明张岱曾言："人无癖不可与交，以其无深情也；人无疵不可与交，以其无真气也。"何绍基把此四福借一印"炫耀"出来，足可见其真、足可见其纯、足可见其情也。这是古代文人跳不出的生活圈子，这也许就是他在艺术上独树一帜、卓荦不群的真正原因吧。

八、明文彭与吴门派

作为文人篆刻流派的先导的文彭在印学史上有"继往开来之功",开创了我国印学史上第一个篆刻流派"吴门派"(亦称"三桥派")。晚明一些著名篆刻家多直接或间接受其影响,何震、苏宣、金光先等为其大弟子,后均享有盛名。文彭以后,印学大发展,直到清中期,还有许多人拜倒在他的印风之下。

(一)文彭

文彭(1498—1573年),字寿承,号三桥,长洲(今苏州)人,明代著名书画家文徵明长子。与其弟文嘉自幼在父亲指导下研习诗、书、画、印,以篆刻成就最大。文彭花甲之年以贡生授秀水(今浙江嘉兴)训导,后改顺天(北京)府学训导,升国子学录、南京国子监博士,均为教职,故人称"文国博""国子先生""两京国子博士"。

文彭在南京任国子监博士时,有一次过西虹桥,见一贩夫运四筐石与买家争执不休。文彭询问其故,老人说他好不容易从很远的地方运来石料,买主却要故意压价。文彭见这些石料可作印章,就加价买了下来。回家用锯剖成一方方晶莹剔透的印章石料,这就是世所艳称的"灯光冻石"。文彭以前为印,皆用牙章,自篆其文,请李文甫镌刻。自得石后,专以冻石治印,乃不复作牙章。

花乳石是个总名,产自各地,因地得名,品目繁多,主要有青田石(佳者半透明,称"冻石""灯光冻""鱼挠冻""蜜蜡"等不同名称,产自浙江青田刘山)、寿山石(多白色,黄色称"田黄",最名贵,产自福州城北六十里芙蓉峰下)、昌化石(亦称鸡血石,产自浙江昌化)等。

印学家将篆与刻两个过程由自己一手解决,王冕应该是第一家,文彭则是第二家。宋米芾、钱选尚属尝试。从此,青田石印章大量使用,印人无不自篆自刻,印

人队伍迅速扩大，直接促使了文人篆刻艺术的繁荣，对篆刻艺术的发展起了很大的催化作用。

传世文彭篆刻极少，伪品很多，极难鉴别。今陈列于上海博物馆的"七十二峰深处"印，可信为其真迹。此印出土于抗战时期，系牙章，印周剥蚀，左侧隐约可见"文彭"二字草书款。

从其墨迹押尾名字印"文彭之印"和"文寿承氏"来看，在宋、元圆朱文的基础上加以变化，章法疏朗，篆法略呈方势，显得质朴浑厚。由于他刻印讲究六书，篆文不涉怪诞，又能向秦、汉玺印汲取营养，因而他的印章在当时确使印坛面目为之一新。文彭篆刻能"直接秦汉之脉，力追正始"，但由于时代局限，尚在探索过程中，故其印风在偏重汉印趣味的基础上，更多的是以秀润圆劲、清丽俊雅的宋、元风貌见长。

冻石松嫩易刻，印章的边款也可以由作者自己镌刻。他的边款是先在石面上书写行楷书，再依字迹用双刀刻成，笔势飞动，秀美而有逸趣。明沈野《印谈》中载："文国博（文彭）刻石章完，必置之椟中，令童子尽日摇之；陈太学以石章掷地数次，待其剥落有古色，然后已。"这是为追求古铜印锈迹斑斑的古韵而将印石人为地破残，石章的这种特性是其他印材所不具备的。当石章成为刻印的材质时，篆刻艺术殿堂的大门才终于向文人全面开启。

（二）何震

何震（约1530—1606年），字主臣，一字长卿，号雪渔，明代休宁县（今江西婺源）人。工金石篆刻，所著《续印学古编》与吾丘衍原著并行，印学界几乎人手一编。曾从文彭游，与文人篆刻的开山鼻祖文彭齐名，世称"文何"，在篆刻史上是一位既能集大成、又能出新开派的一代宗匠。

其篆刻在继承文彭一体之外，还兼取了汉白文印和宋元朱文印之长，故能风貌多样，主要特征为方正简朴、有笔有刀。其篆刻讲究篆势，善用冲刀，偏锋浅行，运刀如笔，猛利爽健，表现出石章的独特意趣。在文彭中锋用刀法基础上别开新境，使当时篆刻风格为之一变，"天下群起而效之"。

何震还首创单刀刻边款法，使边款刀法更为简洁明快，易于抒发情感，开拓了崭新的领域，大大丰富了篆刻艺术的内容。

晚明时期石章普及使用，促使文人自篆自刻闲章成为流行风气。何震也刻过大量的诗词名句，只是原石留存至今者寥若晨星，"片石与金同价"。"笑谈见吐气霓虹""遗世独立""柴门中人"和"兰雪堂"就是其难得的代表作，以"笑谈见吐气霓虹"为例来看，章法端严匀整，气势恢弘大气，刀法挺峻清健，如新剑发硎，使作品古意与酣畅淋漓的刀趣相得益彰，给人以强烈的震撼。此印刻于万历三十一年（1604年），是他艺术生涯的末期，原石为寿山石质，温润身后，古意盎然，现在上海博物馆"中国历代印章馆"常年展出。

文彭开创印学，何震继之，两人均主张篆刻以秦、汉印为宗，以六书为准则。作品风格纯正自然，刚健劲挺，力矫印法乖谬浅陋之时弊。后继有苏宣、梁袠，程朴等，其中朱简、程林、金光先以及程原、程朴父子，因均和何震一样隶籍安徽，故把何震一派称为"皖派"（或称"徽派""新安印派"），与浙派（西泠印派）一起构成篆刻史上两大印派，影响极为深远。

（三）苏宣

苏宣（1553—1626年），字尔宣、啸民、朗公，号泗水，安徽歙县人。其父苏汇善古文词，苏宣幼承庭训，雅好诗书剑术，旁通经史百家，于金石碑碣之学研究尤深。后来，他纵览秦汉玺印，经过精心模拟，尽得其法，艺术精进，作品尽得汉印神貌，刀法笔意，宛如古刻，所刻流传极广，著有《苏氏印略》四卷，收自刻印七百余方。苏宣师事文彭，同时受何震影响，与文彭、何震有"鼎足而三"之誉，并上溯秦汉，独创爽朗蕴藉、浑朴典雅一派。因其号"泗水"，故人称"泗水派"。

与一般印家不同，苏宣有一段颇不同寻常的经历。据说他少时曾遭遇不测，遂弃书学剑，杀人报仇。为了逃难，遁迹于淮南、海上，待事态渐息之后，受聘到文彭处做家

庭教师。七十多岁的文彭见这位年轻人谈吐文雅，文武双全，自是十分喜爱，还为他刻了一方"任侠自喜"印，恰当地概括了其性格特点。没过多久，苏宣就着迷于文彭的篆刻技艺，跟文彭一心研习治印。苏宣天资聪颖，学习刻苦，两三年的时间便得要领。文彭去世后，文府的人将苏宣举荐给宁波的顾从德，在顾家饱览了秦玺汉印、图书典籍，后又经顾家介绍，到嘉兴藏书家项元汴府上住了几个月。苏宣如鱼得水，遍观秦汉藏印，汲取了丰富的营养。在篆刻方面，得益于多年习武练就的腕力和指力，印风日渐成熟，篆法和结体宽绰，用刀略仰，形成古朴雄浑、大气磅礴的风格。苏宣以弱冠之年行豪侠之事，又善饮酒，在篆刻上能独树一帜，故人称"豪侠印人"。

　　他经过多年实践，悟出艺术发展规律是："始于模拟，终于变化。变者愈变，化者愈化。"于是将《石鼓》《季札》等碑上的韵趣用于篆刻，文字之间故作剥蚀的痕迹，很有金石味。如"苏宣之印""作个狂夫得了无"印，均从汉印中来，但很有个性，刀法老辣，书味盎然；"我思古人，实获我心"印以古文入印，爽朗劲健，古穆深厚。印文传达出的思想境界和学问精神，总会让人产生情感上的强烈共鸣，边款以单刀切刀刻草体字，有首创之功。

九、明清之际其他名家

（一）汪关

汪关（?—1614年），原名东阳，字杲叔，因得汉汪关铜印而改名，字尹子，安徽歙县人，居娄东（今江苏太仓），著有《宝印斋印式》。

汪关治印，对古玺、汉印用功极深，追求汉印原始效果，模拟汉人印作几可乱真，从"寒山长""董玄宰""李流芳""师古斋"等印来看，其用刀光润，以冲带削，线条刚中寓柔，丰润秀逸，渊静工致。所作元朱文，更有"出蓝"之誉。在当时猛利印风走红的背景下，汪关避同求异，以和平静雅处之，这对以篆刻为谋生手段的他来说，是要冒很大风险的。但事实证明，向他求印者甚众，市场就是硬道理，无疑，他获得了与何震一样的成功。

后世推崇他深得文彭的"正传"，并称"文汪"，可见其影响。因汪关居娄东，故其所开印派为"娄东派"。此派印家人数不多，但代有传人，其子汪泓，清初沈世和、林皋、巴慰祖等人步其后尘。

（二）朱简

朱简，字修能，号畸臣，后改名闻，安徽修宁人，活动在明朝的万历至崇祯年间。所交皆一时名士，如书画家米万钟、李流芳、赵宦光、陈继儒、王樨及戏剧家汤显祖、礼部侍郎钱谦益等。擅篆刻，于篆刻理论多有卓识，著有《印经》《印章要论》《印书》《印品》《菌阁藏印》和《修能印谱》等。

他深究古印，印作在形式上极尽仿古之能事，如自用印"朱简"和"修能"形式上就源于先秦私玺。尤其是"朱简"印，印文瘦劲、爽利处取自汉玉印和凿印，两种风格融合得恰到好处。

当然他没有一味地模仿古人，而是在篆法和刀法上大胆出新。其篆法取自赵宦光草篆，刀法则为独创之短刀碎切，运刀时直杆下切，笔笔钝拙而不光整。如"又重之以修能"印和"佣书一室"印，在气息格调上没有满足于平板正直的安排，显得轻松活泼，字形方正挺拔、兼施圆转，平正而不死板，游刃有余。切石之痕虽明显而无霸气，刀刃所过之处呈现出一种古拙的率意，线条也显得朴茂而无毫无矫揉造作之态，并且仍能充分地表现印文的笔意。如从"米万钟印"可看到他《印经》中提出的"以传笔法"的刻法，切刀慢刻，使线条有起伏、轻重、转折的变化。同样是切刀，何震切的幅度较大，产生的是雄强劲辣之趣，朱简则幅度小，线条更有苍茂古朴的意趣。

朱简的刀法对后来的巴慰祖、丁敬都深有启发，显示了他篆刻艺术的强大生命力。他强调"印外求印"，在前人基础上迈出了可贵的一步。

(三) 程邃

程邃（1602-1691 年），字穆倩，号垢区、垢道人、青溪朽民、野全道者、江东布衣，安徽歙县人，住扬州。早年从黄道周、杨廷麟游，是一位很有民族气节的书画篆刻家。工诗，有《会心吟》。

他生活在明末清初的动荡年代，平生疾恶如仇，爱交仁义之士，具有民族气节。早年从黄道周、杨廷麟游，不肯应贤良诏；在任杨廷麟幕僚时，因议论朝政，被流寓白门（今南京）十余年。甲申年间（1644 年）阮大铖、马士英掌握朝中权柄，大兴党羽，程邃始终不与他们为伍，又因议论"马士英眼多白，必乱天下"而遭迫害，险些丧命，后来只得隐身匿迹。明亡后，寓居扬州，以书画篆刻自娱。著有《钟鼎款识》和后人摹刻《古蜗篆居印述》传世。他博学多能，作为一位闻名遐迩的篆刻家，又能诗工画，均有很深造诣。他绘画纯用枯笔渴墨，干皴中满含苍润，简单中富含重重变化，在画界自成一格，是清初画坛宗师；作诗幽涩精奥，其诗稿《萧然吟遗》曾遭禁毁。

程邃篆刻初宗文彭、何震，学朱简，后博采众长，融会贯通，摒弃陈陈相因，久无生气的"明人习气"。参合钟鼎古文，出以离奇错落的手法，创凝重古拙之风格，对印学更有所发展，成为明末清初篆刻艺术领域的一面旗帜，奠定了皖派的基础。

他首创的朱文仿秦小印，以钟鼎款识大小篆合一，并得秦汉印章法，使篆体结构达到疏密有致、离合有伦的境界。白文印粗犷朴厚，厚重凝练，深得何震法，尤为传神。程氏篆刻风格对其后的邓石如有一定影响，是后期皖派的代表人物。因程系歙县人，故人称为"歙派"，与巴慰祖、胡唐、汪肇龙合称"歙四家"。

据说他的创作态度极为严肃，每作一印必求精到，稍不如意，则磨去重作。可惜印谱失传，只能通过其书画所钤印记来一窥其风采。如"程邃之印"，以冲刀代笔，运刀取法汪关，凝重过之，充分表达笔意。印文大小一致、疏密均衡自然，方中寓圆，不露圭角，气势雄浑开阔。"穆倩"朱文印，以钟鼎款识之大篆参合小篆入印，章法严谨，笔意奇古。既古朴凝重，又清新自然。

十、清代篆刻名家

（一）清丁敬与西泠印派

清乾隆年间，浙派篆刻崛起于中国印坛。丁敬作为领军人物，以他"思离群"求变的艺术思想，以他刚劲、高古、质朴清新的创作风格，身体力行，追求"有个性"的汉印。振聋发聩，一扫时弊陋习，吹起了向篆刻艺术新高峰攀登的号角。西泠印派的名目，是在丁敬已经故去的乾隆后期，由黄易、奚冈等人正享盛名时提出来的，以自别于何震以来久主印坛一变再变的新安旧体。

丁敬以后，只要稍有卓见的篆刻家，莫不从丁敬的篆刻中得到启示。如蒋仁、黄易、奚冈、陈豫钟、陈鸿寿、赵之琛、钱松。因他们均系杭州人，故世称"西泠八家"（又有"西泠前四家"和"西泠后四家"之说）。篆刻上凡属效法他们风格者，均称之为"浙派"，浙派在篆刻史上绵延二百多年，影响深远。

1. 丁敬

丁敬（1695—1765 年），字敬身，号砚林、钝丁、龙泓山人、孤云石叟，钱塘（今杭州）人。少时家贫，靠父亲卖酒为生计，没能读多少书，年龄稍长即矢志向学，折节读书。他读书不为仕途，而是踏上了一条诗文艺术、金石考证的为学之路。著有《武林金石录》《砚林诗集》《砚林印谱》。

丁敬篆刻广收博取，入古出新，气象万千。风格清刚朴茂，刀法得益于朱简，钝朴奇崛，常用切刀、碎刀表现笔意。其印章总的风格是平正、朴茂、古拙、浑厚，一改当时柔媚、怪异之风。其印章的边款多为楷书，用刀取法何震，变明人双刀法为单刀直切石面，由于他对古代碑刻的修养，可以随刀锋之起止，而古趣盎然。

丁敬生性耿介清高，作品不轻易与人，志书说他"非性命之契，不能得其一字也", "贵人求取刻印, 辄吝不肯与"。约在 60 岁时, 邻居失火, 殃及其庐, 生平珍藏化为灰烬。接着父母及长子相继去世, 郁抑无计排遣, 与人相处, 一不惬意, 即借酒骂人, 对达官贵人尤甚。致使其晚年陷入 "学愈老而家愈贫" 的境地。然而对他喜爱的艺术创作, 至终亦未辍歇。

丁敬的篆刻艺术主张集中体现在他的一首《论印绝句》中, 诗曰: "古人篆刻思离群, 舒卷浑同岭上云。看到六朝唐宋妙, 何曾墨守汉家文。" 他认为只有摆脱时代的局限, 敢于 "离群" 思考, 敢于发挥自我个性, 有所创造, 艺术才能像岭上白云那样舒卷而无所羁绊。在他眼里, 唐宋印风不是 "古意凌夷" 的糟粕, 而有其高妙处, 所以不应墨守汉印陈规。此等气魄和识力, 为以前印人所不可梦见。"古人篆刻思离群" 的艺术理念, 使他能更广泛地借鉴汉以后各家之长, 创造出一种新的、具有作者个性又深得汉印精神的独特印风——浙派印风。这个创造, 在中国篆刻发展史上, 是划时代的。

"两湖、三竺、万壑、千岩" 为丁敬 55 岁时所作。章法布局不故作奇险, 而是以平淡见胜。居中的 "万" 字不是篆书, 而是佛教教典中的文字和佛教中吉祥的标志。此种写法常见于民间装饰图案, 用于篆刻极少, 可见丁敬构思之妙, 这对篆刻创作开拓艺术境界是个成功之作, 具有很大的启迪意义。

2. 蒋仁、黄易、奚冈

蒋仁 (1743—1795 年), 原名奉, 字阶平, 后于扬州得汉铜印 "蒋仁之印" 而改名。号山堂、吉罗居士、仁和布衣、太平居士等, 浙江仁和 (今杭州) 人, 布衣。篆刻学丁敬, 强调神韵。还兼工诗、书、画, 行楷书世推当时第一, 篆刻师法丁敬, 得其神髓, 浑穆厚重, 品格很高。有《吉罗居士印谱》行世。

蒋仁生前艺高而不享名, 孤冷不与世接, 一生穷困, 几间茅屋破烂不遮风雨, 53 岁即离世。身后无子, 诗文书画大多散佚, 实在令人扼腕叹息。

蒋仁少丁敬 48 岁, 在西泠八家中, 和丁敬走得最近, 最得丁印精神。他深谙丁敬高妙所在, 选择从简易入手, 追求印尚生涩的高境界, 技法尽量简朴, 但意境深远、醇古而沉着。

"真水无香" 印为其代表作之一, 刻于乾隆甲辰 (1784 年) 立春, 时年 42 岁。印款近三百

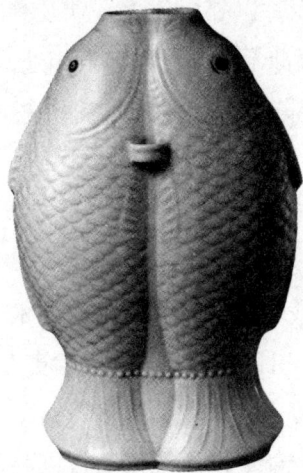

字，刻满四面，堪称巨制。印款记录了朋友的聚会，回忆与黄易的结识，还有对丁敬艺术的高度评价及崇敬之情。此印为典型的浙派汉朱文印。细边细文，线条转折处劲如曲铁盘丝。为酒后"迅疾而成"，自然洒脱，看似信手拈来，却是别有深意，妙在有意无意之间。切刀下的短线曲折波动，虽笔画平直，但不死板，静中寓动，清逸之气跃然纸上。

蒋仁白文印也有自己特色，其中有边栏的"三摩"一类印式，成为浙派典型印式。

黄易（1744—1802年），字大易、大业，号小松、秋庵，别署秋景庵主、散花滩人等，浙江仁和（今杭州）人。擅长诗文、书画、碑版鉴别与考证，著有《小蓬莱阁金石文字》《秋景庵印谱》，并有诗集《小蓬莱诗》传世。

篆刻亲受丁敬指导，兼及宋元诸家，浑朴雄健，生动自然，有所创新，在当时与丁敬并称"丁黄"。他有"小心落墨，大胆奏刀"一语，深得篆刻三昧，流传很广。

"竹崦庵"为浙派之代表作。刀法上明显为切刀慢行，造成文字刚健苍老的风格，表现出一种金石气，有特殊的古朴美，这都是师承丁敬而加以发展的，在当时很了不起。

奚冈（1746-1803年），初名钢，初字纯章，后字铁生，号梦庵，别号奚道人、蒙道人等，浙江杭州人。擅长书法，善绘山水、花卉，与方薰驰誉乾隆年间，世称"奚方"。著有《各花庵烬余稿》。篆刻推重丁敬，拙中求放，方中求圆，行书具款亦精。现选二印予以具体分析，以一窥其艺术特色。

"奚冈言事"为竖长方形，四字为"二二"排列，印面有"亭亭玉立，不枝不蔓"之感。该印在篆法上是匠心独运的。首先，他用线条把文字组合成众多的长方、正方形的块面，且大大小小各不相同。还有封口与不封口的差别，使我们领略到形块之美。其次，注意笔画间的呼应。如"言"字的中横与"事"字的上横为同向呼应，以此形成强与弱的节奏。"奚"字的下部与"冈"字的下部为相对形上下呼庆，以此形成印面的变化，使形式具有曲折感。"冈"字的上部与"言"字的中部形成相背的斜角呼应，使左右照应。

"金石癖"此印散发出浓郁的汉印气息。"金"字线条圆润、厚重，如中锋用笔。加之用刀的发力不同，其横画具有波动性，起刀收刀作回锋，具有较强的立体感。其中的一竖画作弧形，如一把弯弓，四横在弦，待时而发，给人以力量感。

该印还有一种古拙之美。如"癖"字的横画、"金"字的撇与捺等，都显得拙朴淳厚、骨力雄健。

（二）清西泠后四家

继西泠前四家之后，出现了陈豫钟、陈鸿寿、赵之琛、钱松，世称"西泠后四家"。

1. 陈豫钟

陈豫钟（1762—1806年），字浚仪，号秋堂，钱塘（今杭州）人，收藏书画、古砚丰富，擅画兰竹。他还癖好金石文字，又精于墨拓，收集拓本数百种，为他创作带来有利条件。其书法得李阳冰法，遒劲挺拔，为人喜爱。篆刻早年师法文彭、何震，后学丁敬，上追汉印，作品秀润工整，法度谨严。其边款常作密行小字，颇为自负。著有《古今画人传》《求是斋集》《求是斋印谱》等。

2. 陈鸿寿

陈鸿寿（1768—1822年），字子恭，号曼生、曼公、种榆仙客、夹谷亭长、老曼等。钱塘（今杭州）人，与陈豫钟并称"二陈"。有《种榆仙馆摹印》《种榆仙馆印谱》行世，并著有《种榆仙馆诗集》《桑连理馆集》。曾任溧阳知县、江南海防同知。他出生于乾隆三十三年，活跃于嘉庆时朝，至道光二年去世，恰好见证了清代由盛而衰的转捩点。

篆刻师法秦汉玺印，旁涉丁敬、黄易等人，喜用切刀，笔画方折，锋棱显露，爽利恣肆，苍茫浑厚，如朱文印"问梅消息"等。

金石书画以外，以设计宜兴紫砂壶最为人称道。他与制壶名家杨彭年合作制作的富于文人艺术的紫砂壶，被称为"曼生壶"，为后世宝爱。他有"凡诗文书画不必十分到家，乃见天趣"之论，所

作隶书最富新意，独步一时。

3. 赵之琛

赵之琛（1781—1852 年），字次闲，号献父，又号宝月山人，他的书室名为补罗迦室，钱塘人。

一生布衣，多才艺，以诗文金石书画自给自娱，自成一家。为陈豫钟高足弟子，又师陈鸿寿，兼取二家之长。还兼习黄易、奚冈等人，功力极深，成为浙派之集大成者。嘉庆、道光年间，浙派印人皆以陈鸿寿、赵之琛为老师。

早年篆刻章法长方，用冲刀法，笔画如锯齿；后用切玉法，笔画纤细方折。边款以行楷书尤为精致，笔画生辣细劲。晚年应酬较多，刀法和章法走向僵化模式，千印一面，还出现了少质朴韵味的"燕尾鹤膝"，往往为人所诟病。但也有人专爱其作，他一生刻印较多，终老刀耕不辍，乃八家之最，印作流传亦不少。著有《补罗迦室印谱》，著《补罗迦室集》。

赵之琛篆刻把浙派传统的碎切刀涩进的风格推向了"纯""蕴藉渊雅"的境界，连邓派赵之谦、徐三庚等也受其影响。

朱文印"延年益寿"印，兼有"二陈"之长处，刀味、布白取自陈鸿寿。篆法上的转折委婉，正是陈豫钟的面貌。此印运刀自如，使刀如笔，结字方中寓圆，章法爽朗稳健，富于变化。正如其边款所言："仿（汉）朱文以活动为主，而尤贵方中有圆，始得宋、元遗意，此作自谓近矣。"

"茶熟香温"与"寄情诗酒"两印为仿汉白文佳作，前者布白揖让多变，线条不求横平竖直，笔意跌宕，以动取胜，颇显"急就章"的率直意趣。笔味浓厚但整体上又凝练均衡，动中有静。结体工整，以静为主，但无呆板之感。篆法上打破单一的平直线，行刀上注意表现圆润的笔意。笔画相同的地方有意不使雷同。如"酒"字六曲笔等。使整体静中有动，生气盎然。

"爱惜""剑胆琴心"两方印各具特色。"爱惜"一印取疏朗貌，然线条朴茂厚重，笔意浑润。"剑胆琴心"反映了赵之琛善于兼收并蓄的本领，印中既有古玺印之美，又兼秦诏版和汉玉印之长，不求形式而神韵俱在。线条变化多端，别具特色。四字斜线、横线、纵线融合，上下左右形成对比，打破了平静的印面，生动传神。

中国古代文字

4. 钱松

钱松（1807—1860 年），字叔盖，号耐青，晚号西郭外史，钱塘人，布衣终生。他承家学，善鼓琴，书法精篆、隶，笔法具阳刚之美。山水画功力精深，山水设色苍古，有金石气，亦善梅竹。

于篆刻研究极深，刀法上摒弃浙派一味切刀之旧规，探索出一种切中带削、使刀如笔的新刀法。披削兼施，敏锐生动，厚重沉雄，超越前贤。篆法以秦汉为宗，尝手摹江氏汉铜印丛，淳厚浑朴，气势非凡，赵之琛评为丁敬、黄士陵后一人。因是杭州人，遂列"西泠八家"殿军。实乃溯汉追秦，推陈出新之巨擘。有《未虚室印赏》四卷行世。

"射雕山馆"印有两种风格，"射雕"两字极具秦汉风味，"山馆"两字中的"山"字能让人想到山之厚重。"馆"字代表灵巧率真的一面，体现了人生的乐趣。

（三）邓石如和吴熙载

1. 邓石如

邓石如（1743—1805 年），初名琰，字石如、顽伯，号完白山人、古浣子。安徽怀宁（安庆）人，著有《完白山人印谱》《完白山人篆刻偶成》《邓石如印存》等。

邓石如幼年时家境贫寒，一生社会地位低下，他自己说："我少时未尝读书，艰危困苦，无所不尝，年十三四，心窃窃喜书，年二十，祖父携至寿州，便已能训蒙。今垂老矣，江湖游食，人不以识字人相待。"这样一位读书不多的"一介布衣"，成长为伟大的艺术家，全靠坚定不移的信念和顽强刻苦的精神。他十七岁后，就开始以书刻自给。三十岁后，通过友人介绍，陆续认识了南京梅缪三兄弟等友人，遍观梅家收藏的金石善本，凡名碑名帖总要临摹百遍以上，为以后的篆刻艺术打下了坚实的书法基础。所以，当

時人评他的四体书法为清代第一人。

邓石如作为一个划时代的篆刻大师，在篆刻领域内的诸多尝试有开山凿石、筚路蓝缕之功，最大的贡献就是倡导"以书入印"的理念。魏稼孙评邓氏的篆刻说"书从印出，印从书出"，这正是邓石如篆刻的最大成就和创新之所在。

主要表现为以刀代笔，淡化"刻"的趣味，倡导"笔意表现论"。改变浙派在用刀和字形上以方折为主的创作方式。他凭借自己深厚的书法基础，把篆书上生龙活虎千变万化的姿态运用到印章上来，这是印学家从未有过的事。其印横画不平板而有波磔；竖画不死硬而多带弧势；斜画也不像汉印那样多作四十五度的斜笔，而随意使转自如，整体上富于书写感。并得方中寓圆的汉篆体势，灵动朴拙而有气势，很好地解决了"方"与"圆"的和谐统一。

特别是朱文印，变浙派字体的方正古拙为以圆转流美，刀法也从艰涩的切刀法变为流利的冲刀法。寓刚健于婀娜之中，活力充沛，风神流动、饱含笔墨情趣。从篆刻史来说，邓石如不但是"皖派"的领军人物，也是细朱文发展的转折人物，有重要的历史地位。

"十分红处便成灰"为邓石如暮年之作，此印较初期更加成熟，以自身篆书入印，得心应手。邓石如的篆刻生涯一直处于不断探索之中，时见开后世先河的典范之作，如"有好都能累此生"和"江流有声，岸断千尺"印等，这些不朽之作奠定了邓石如在篆刻史中的大师地位。

除此之外，他还将边款字体拓展为正、草、隶、篆等，各体皆备、丰富多彩，他在边款艺术上亦作出了不可磨灭的贡献。如他 1783 年赠给毕兰泉的力作满白文印"笔歌墨舞"，印文四字笔墨酣畅，翰逸神飞。边款为笔走龙蛇的草书，洋洋洒洒，刻满印石五面，创造了名副其实的"笔歌墨舞"世界。在他的边款里，不但有各体书法美的形式，更重要的是有丰富的文学内容，补充和增强了篆刻印面的表现力，使印面和边款成为有机的整体。

邓石如还对刻印有精辟的诊断，如"疏处可以走马，密处不使透风，常计白以当黑，奇趣乃出"等，至今还为人所津津乐道。"先生之风山高水长"为邓石如花甲之年赠学生包世臣的印章，印中"之"与"山"二字压扁占很小的空间，安排在第二列，章法沿袭了疏密对比惯例，是其"计白当黑"艺术理念的体现。"江流有声，断岸千尺"是邓石如1783年作的经典力作，内容出自苏轼的《后赤壁赋》，八个字通过强烈的疏密对比表达了"江流有声，断岸千尺"的意境，凸现了他"疏能走马，密不透风"的审美理念。文字线条清新流利，神情舒畅，用刀沉稳有序，令人百看不厌。

邓石如进入花甲之年后，印章创作进入了高峰期，创作手法日臻完善，避免了年青时的很多不足，"一印一面"，许多创作手法值得借鉴。"范鉴斋珍藏"印作无边，线条古朴，残而不残，运用字形对称形成装饰化，别有风味。"逸兴遄飞"充分发挥字形特点，笔意流转，得疏密自然之趣，残破之处使印章贯气，以不足胜有余。"意在三代两汉六朝之间"则是另一番景象，此印有十字，字形大小任意，或方或圆，无一粘连，整体上团成一气。"完白"印虽小，但颇含玄机，"完"字形式上极力舒展，而"白"字压扁，第一笔处理成弯曲状，和"完"字直笔形成对比，虽仅有两字，但疏密、曲直尽显。此印最大的特点是依据印章形状来安排字形，最富巧思。"折芳馨兮遗所思"为典型的圆转风格，边栏似有似无，形散而神不散，如"芳"字中"方"部横画弯笔与"所"字中"斤"部弯弧都是很好的呼应，而"折"和"所"二字中都有"斤"部，但篆法有变化。

邓石如是安徽人，其印又是学何震出身，理应属于徽派，也有人认为他的篆刻自创一体，不属于任何一派，应叫"邓派"才更合适。邓派这一名称，是邓石如再传弟子吴熙载最早提出来的。邓石如的印法，对后世影响至巨，邓派印学名家有赵之谦、徐三庚、黄士陵等，其中吴熙载和黄士陵受邓影响最大。

2. 吴熙载

吴熙载（1799—1870年），字让之，别号让翁、晚学居士。江苏仪征人，诸生，善书画篆刻，著有《慎轩印谱》。

吴熙载篆书和篆刻均取法邓石如，翩翩多姿，舒卷自如，但有自己面目，其轻松澹荡的境界，是邓石如所不曾有的。他喜用汉篆入印，印如其书，而个性特强。善用刀刃"披削"，运刀迅疾，刀痕毕露，圆转熟练，气象骏迈。似不着

古代篆刻与玺印文字

力，犹如写字，宛转自如，充分表达了笔意，立体感极强。寓刚健于婀娜之中，行遒劲于婉媚之内。高时显说："让之刻印使刀如笔，转折处，持续处善用锋颖，糜见其工。"

他从小喜欢篆刻，十五岁起即对汉印下过近十年的功夫。三十岁后见到邓石如的篆刻，惊佩不已，便倾心效法，并在学邓的基础上创立自己的面目。吴昌硕对吴熙载的篆刻推崇备至，认为"学完白不若取径于让翁"。邓石如的作品较少，学邓由吴入门再好不过，晚清印坛大家如徐三庚、赵之谦、吴昌硕、黄牧甫等，都从其作品中获益良多。

吴熙载是书法家包世臣的学生，为邓石如的再传弟子。邓石如尝试以书入印的创作中存在的不足，在吴熙载手中得到改变，相较邓石如而言，其章法上更稳妥、更精练，刀法上更圆转、更流畅，从而把邓石如以笔意见胜的风格推向高峰。

"生气远出"为其朱文印婉转流动风格的典型代表。印中每一字都有一笔伸向中心，像有一种气在回旋，在运转，蕴成为一种蓬勃的生气。篆刻的气韵是一方印整体的审美观，它主要由线条美来表现，丁敬的"书卷浑同岭上云"可借来描述此印。

"攘之"二字一疏一密，本较难于在一印中统一，作者把"之"字上叉的两笔，人为地加以屈曲，使秀美的曲线在空地中打破了僵直的局面，使全印得到了平衡。"攘"字提手旁重心上升，右半部密上疏下，使全印产生一种空灵之感。此作线条舒展自如，富于韵律感。可感受到其得心应手、左右逢源、怡然自得、游刃有余的书法功底。

"砚山鉴藏石墨也是吴熙载朱文印的代表作品。砚山为作者好友，精于鉴藏。由于他的篆书功力深厚，所以刻这一类印运刀如入无人之境，后人誉之为"神游太虚，若无其事"。此印章法貌似无奇，排得均匀整齐，但印文各字在方寸之地，仍显得笔势舒展开张，完全是他秀挺隽美书法的再现。欣赏这方印，就如同欣赏其书法。"山、石"两字在全印中笔画最少，遥相呼应，平添了几分可爱的自然情趣。

"攘之手摹汉魏六朝"在印文的安排上顺其自然，让印文的自然繁简在统一中得到平衡，各字笔画的转折与接触处，由于刻刀的轻灵转折，生动地表达了书法的自然意趣。因笔画的粗细变化，而增强了立体感，犹如高明的剪纸艺术师，在一招一式、一转一弯的动作变化中，展现出生动的画面。这种以刀当笔的境界，完全得益于他的书法。

"道法自然"全印线条密集，仅让"自"处留有疏处，形成三密一疏的章法。由于印呈长方形，故下部二字任其舒展。其笔势飘逸流畅，加上用刀轻灵，真可谓无迹可寻。在细白文创作中，不失为一方佳印。

（四）赵之谦和黄士陵

1. 赵之谦

赵之谦（1829—1884年），字叔，一字益甫，中年后定名为之谦，号梅庵、冷君、憨寮、无闷，还曾取号"悲庵"（因1862年妻子和女儿相继去世，悲痛欲绝之故），浙江会稽（今绍兴）人。咸丰举人，官江西南城等县知县。他在晚清艺坛上，是一位"诗、书、画、印"堪称四绝的一流高手。遗著有《补寰宇访碑录》《悲庵居士文存》《二金蝶堂印谱》等。

其篆书全用邓石如法，篆刻不专治某一派，三十岁前学浙派，之后学皖派，后取资于秦、汉、魏、晋、南北朝的金石文字，凡为其篆刻服务的皆吸收为已所用，终能推陈出新，成自家面目。在边款的刻制上，他开创了以北魏书体刻朱文款识和以汉画像入款的新风，实现了他"为六百年来摹印家立一门户"的抱负。

赵之谦在我国篆刻艺术发展史上贡献很大。一是悟出了"汉印之妙，不在斑驳，而在于浑厚"的道理，从而开创了他独特的自我风格。他在"浑厚"二字上下功夫，不求"斑驳"，而取光洁，突出个性，这种创作理念深刻影响了后世的一批篆刻家，如黄牧甫，吴昌硕、齐白石等大师。二是打破先前浙、皖两派二分印坛的局面，努力尝试以众多文字形式入印堪称"印外求印"的典范与集大成者。其"求古于拙、拙而不野"的篆刻，使近现代篆刻走上

了一条充满生机的全新道路。三是大胆探索印文边栏的变化。如在白文印的四周留出较宽的地位；在印文上增加并笔，以增斑驳之味，突出朱白对比；朱文印的边栏或破或曲，或一边无栏，形式多样。四是边款极其丰富。有他风格独特的魏楷，还有行书、篆书等多种书体。尤其值得一提的是他的阳文边款，或是工稳的魏碑，或是古朴的造像，大大扩展了印章边款的表现空间，使得边款不再仅仅是作者署名，也成为其独特的印面装饰。

赵之谦对近现代篆刻家的启迪作用是巨大的，黄士陵、齐白石、赵时纲、王福厂、陈巨来等均受其影响，在日本也有广泛的影响。

2. 黄士陵

黄士陵（1850—1908年），字牧甫（一作穆甫），号倦叟，别号黟山人，安徽黟县人。吴大澂巡抚广东，延他入幕府，后遂留寓广州，卖艺自给。

黄士陵自幼随父读书、写字、制印、绘画并举，更对篆学发生兴趣，八九岁即操刀习印，年未弱冠就已经在乡里成为知名人士。一生致力于古文字学，碑版玺印，擅书能画，成就斐然，著有《黄牧甫印存》，开创了著名的"黟山派"，是晚清印坛具有开宗立派意义的大师级人物。

黄士陵一生与许多金石学专家有过交往，并进入全国最高学府国子监读书，打下了坚实的功底，这是他的篆刻艺术能广泛摄取金石文字为素材的基础。

黄士陵的篆刻初法陈曼生，但较含蓄，章法平整工稳，篆法应规入矩，未摆脱浙派的风习。后远宗邓石如，近法吴熙载、赵之谦，气息与赵之谦更为接近。黄士陵篆刻转折期是学习吴熙载后，吴熙载薄刃浅削而光洁秀润的刀法对他产生很大影响。只是他的刀法更加锋锐而挺拔，不事雕琢而有天真浑然之妙，如"自称臣是酒中仙"。

黄士陵早期的篆刻，对他基础的奠定和技法的锻炼当是受益于早于他的几位大家。后来他着力于从古玺汉印中吸取营养，还取法金文、泉币、诏版和砖文等，随处拈来，化为己有。在古与今的融会贯通之中，风格从夸张巧饰转为清刚质朴。如"中和"印冲切相辅，运刀生涩，有些地方不全部刻净，令印章苍劲古穆。"万物过眼即为我有"参古泉币文字，用刀挺劲锐利，充满刚烈之气，"外人哪得知"拟瓦当形式，五字安排妥帖，生动无比。"唐宋元明写经之室"字法为汉金文，刀法直冲、方折硬朗，时有回环圆转之刀，刚健之中亦有婀娜之意。"默之"取法诏版，风格奇肆，篆法方圆多变，笔断意连。"光绪十一年国子学录蔡赓年校修大学石壁十三经"是黄士陵一方隶书印，取法《朱博碑》，以隶书入印，本身难度大，且有二十多字，但冲刀随意，迟疾参半，极得灵动之势，可见其天赋之高。"书远第题年"取法《张迁碑》碑额，得其神髓，是难得的佳品。"官律所平"取法封泥，舍其烂而求其古朴。纵观以上所列，虽然取法不同，但经过黄士陵的洗礼，都倾向于光洁和劲挺的风格。"古槐邻屋"为其暮年之作，更倾向于平淡简远。

黄士陵的篆刻看似平常，实为奇崛。平淡而有余味，方直而不僵硬，工稳而见流动，朴素而见秀雅。其刀法薄刃锐而直冲，凌厉酣畅，光洁而挺劲，与其平直的章法相得益彰，从而使印章更加凝练简洁，宁静古朴，形成一种峻峭沉劲的艺术风格。

说文解字

　　《说文解字》是中国第一部字典，作者为东汉许慎。该书首创部首编排法，是我国第一部系统地分析汉字字形和考究字源的字书，也是目前流传最广的中文必借工具书之一。该书对研究古文字学、古文献学和古史学作用极大。在清代，研究《说文》成为专门的学问，给它作注的大家就有数十家。

一、《说文解字》——我国第一部字典

　　《说文解字》是我国第一部按部首编排的字典，《说文解字》简称《说文》，作者为东汉的许慎。该书是中国第一部系统地分析汉字字形和考究字源的字书，也是到目前流传最广的中文必借工具书。此书在流传过程中屡经窜改，今本与原书颇有出入。本书首创的部首编排法，为后世字书所沿用，对古文字学、古文献学和古史学的研究作用极大。在清代，研究《说文》成为专门的学问，给它作注的大家就有数十家。

（一）作者简介

　　许慎（58-147年），字叔重，东汉汝南召陵（今河南郾城县）人。古文经学家、古文字学家。他初举孝廉，后入京，官至太尉南阁祭酒。曾从贾逵学习古文经学，博通经籍，当时洛阳儒生称其为"五经无双许叔重"。许慎对我国文字学的发展作出了不朽的贡献。

　　许慎所处的时代，古文经与今文经的论争非常激烈。今文经的儒生大多认为当时通行的用隶书书写的经典解说字义不严肃，谬语较多。而古文经的儒生则认为从孔壁中发掘出来的用六国文字书写的经典是可靠的。这场斗争对推动经学和文字学的发展是有益的。处于这个时代的许慎，"性淳笃"且"博学经籍"，并注意研究周秦时的西土文字籀书及"孔壁古文"（又称"东土文字"），尤其着力于小篆和六书，诸如《仓颉》《博学》《凡将》《急救》《训纂》等字书无不涉猎。由此，为他后来撰写《说文解字》奠定了坚实的基础。

　　由于他才学过人，成年后即任职汝南郡功曹。在任上，他勤于政事、廉洁奉公、严于律己、宽以待人、刚毅多谋、颇有政绩，因此被举为孝廉，来到了京师洛阳，

补为太尉南阁祭酒。许慎到洛阳后，尽管他"少博经籍"，颇有造诣，但仍"从逵受古学"，拜当时的儒学大师贾逵为师。所以，他对古文经和仓颉古文、史籀大篆的研究，又有了更高的造诣。

汉代儒生研究古代文献，有古文经和今文经两大学派。今、古文经之争到汉章帝时代已进行了二百多年。今、古文经之争也诱发了那些不肯墨守成规、敢于创新的有志之士的创造欲，许慎就是其中一位不断进取、锐意创新的学问家。许慎针对古、今文经之争的根源在于使用文字的混乱，批评今文经学家牵强附会、随意解说文字，只凭笔画臆测文字起源与结构，是荒诞不经的"巧说邪辞"。他认为，先有文字而后有五经，今文经学随意解说文字，是"人用己私，是非无正，巧说邪辞，使天下学者疑"。因此他要纠正今文经的妄说，提高古文经的信度，而"理群类，解谬误，晓学者，达神旨"，就必须弄懂文字的结构、读音及其意义。他强调："文字者，经艺之本，王政之始，前人所以垂后，后人所以识古。"并说"本立而道生"。

在长期的学习和研究中，许慎搜集到了大量的小篆、古文和籀文资料，并且以他广博的经学知识为基础，根据六书条例，在从贾逵学习古学之时，即着手编写《说文解字》，《说文解字》正文为 14 篇，加上《后叙》共 15 篇。据《后叙》谈，此书收字 9353 个，重文 1163 个，解说达 133441 字（与今之大徐本所收字数稍有出入）。正文分 540 部，并首创部首检字法。按部首编排，基本上是根据形体相近或地支顺序排列。这种编排法虽然不太科学，但对后世编著字典者却影响极大，如晋时吕忱的《字林》、南朝梁时顾野王的《玉篇》及宋代的《类编》、明代的《字汇》、清代的《康熙字典》，皆沿用部首检字法。在同部首内，先列"字"，后列"文"。字形以小篆为主，次列古文、籀文。古、籀算作重文。在说解中，采用了《尔雅》等三十多种典籍，并汲取前人和当代通儒的解说达 141 处。解释单字，是先释义而后析形，其字音则居后。通过形体分析，说明造字的本义；根据六书理论，总结造字的规律。

许慎在校书过程中，涉猎的典籍广而精深。当时《说文解字》的初稿虽已完成，但为了利用此机会将其补充得更加完善，他迟迟不作定稿。汉安帝元初

中国古代文字

六年，即公元 119 年，全国有四十二处地震，灾情极为严重。皇帝下诏三府，选属下有能力的官员，出补令长，安抚百姓，稳定民心。许慎因朴实忠厚，又"能惠利牧养"，故被选受诏到沛国洨县（今安徽固镇）任县令。许慎致力于儒学，淡于仕官，在就任县令之前，即称病回故乡，专心审定《说文解字》。三年后，即公元 121 年，《说文解字》定稿，遂让其子许冲将书稿进呈皇帝。

东汉时期，由于今古文之争，致使经学异常繁荣。全国各地都有经师讲学，有的经师聚徒千人，甚至万人。"五经无双"的许慎也不例外，桓帝时他虽年近九十，而远在西南夷的尹珍，还风尘仆仆投至其门下，拜受经书。

许慎一生，除著有《说文解字》外，还著有《孝经孔氏古文说》《五经异义》《淮南子注》《汉书注》《六韬注》《五经通义》等书。但他花费的心血以《说文解字》为最多。从他开始撰写《说文解字》到完成初稿，费时十六年；从初稿到修改定稿又费时二十二年。许慎著《说文解字》一书，用心之苦、治学之严，由此可知。在古代，独体字叫"文"，合体字才叫"字"。前者指象形字和指事字，如日、月、上、下；后者指会意字和形声字，如武、信、江、河。因而许慎称这部解释字义、分析字形的书叫《说文解字》。"说，释也。解，判也，从刀判牛角"。《说文解字》是许慎研究古文经的伟大成果。许慎所继承的词语的解释，很多是来自汉学家的转注。他曾校书于东观，因而得见不少秘籍，其中有不少对古书的训释。他所编撰的《五经异义》虽佚，但从清人陈寿祺著的《〈五经异义〉疏证》看，许慎之于五经及其训诂材料，非常精熟，又不囿于旧说，而是博采众长，有独到的见解，这使得《说文》达到了较高的学术地位。至今，《说文解字》不仅在国内，而且在世界上也有重大影响，日本、美国、瑞典等国都有研究《说文解字》的学者，特别是日本，还成立有《说文》学会。

（二）《说文解字》命名的意义

《说文解字》是第一部说解汉字的著作，许慎在《说文·叙》里说："仓颉之初作书，盖依类象形，故谓之'文'，其

后形声相益，即谓之'字'。'字'者，言孳乳而浸多也。"

"文"和"字"大体上标志着汉字形体的创造和发展的过程。实际上"文"就是"字"，"字"也就是"文"，而只有单体和合体这一点区别罢了。"说文"是说字的文，重点在字形的分析上；"解字"是解字的义，重点在字义的解释上。如"元"字，说"始也"，是解字；"从一从兀"，是说字。天字，说"颠也，至高无上"，是解字；"从一大"是说文。因而"说文"就是"解字"，"解字"就是"说文"，不过联合起来说成"说文解字"显得比较全面。

但"文"不是最初时的名称，最初把"文"叫做"名"，后来才叫做"文"或"字"，最后才叫做"文字"。叫做"名"是从文字的声音方面出发；叫做"文"是从文字的形体方面出发；叫做"字"是从文字的孳生方面出发。分开说，单体是"文"，合体是"字"，合起来说，叫做"文字"。

（三）《说文解字》的字数和部数

《说文解字》共十五卷，每卷又分上下。第一卷至第十四卷是正文，第十五卷上是叙和部首，卷下是后叙。据《说文解字》后叙，全文有单字 9353 字，重文 1163，说解的字数是 133441 字。这 9353 字是后汉时汉字的总数，比东汉贾鲂的《滂喜篇》还多 1973 字（《滂喜篇》共 7380 字）。

许慎根据文字的形体，创立五百四十个部首，将 9353 字分别归入 540 部。540 部又据形系联归并为 14 大类。字典正文就按这 14 大类分为 14 卷，卷末叙目别为一篇，全书共有 15 卷。

540 部首的次序，是始"一"终"亥"。部首之间主要是据形系联。凡部首绝大多数是形旁，只有少数部首是声旁。一部里面的字一般都是把意义相近的放在一起，例如言部"诗""谶""讽""诵"列在一起，"讪""诬""诽""谤"列在一起；月部"胯""股""脚""胫""腓"列在一起，都是因为意义相近或事物相类的缘故。这正是贯彻"以类相从，不相杂越"原则的证明。

(四) 《说文解字》的成书和传本

《说文解字》作于汉和帝永元二年（90 年），直到汉安帝建光二年（122年）才告完成，前后历时 21 年。许慎在病中遣其子许冲将此书献给皇帝。

《说文解字》旧称《字书》，按今天观点看，它是我国语言学史上第一部分析字形、说解字义、辨识声读的字典。同时，它创立了汉民族风格的语言学——文献语言学，《说文解字》就是文献语言学的奠基之作。《说文解字》成书不久，就为当世学者所重视。如郑玄注"三礼"，应劭、晋灼注《汉书》，都曾援引《说文解字》以证字义。

《说文解字》对传统语言学的形成和发展有巨大影响，后世所说的文字、音韵、训诂之字，大体不出《说文解字》所涉及的范围，而《说文解字》本身则形成一个专门学科。《说文解字》完整而又系统地保存了小篆和部分籀文，是我们认识更古文字——甲骨文和金文的桥梁；《说文解字》的训解更是我们今天注释古书、整理古籍的重要依据。所以《说文解字》在今天仍有巨大的学术价值和应用价值。

《说文解字》这样一部巨著，是在经学斗争中产生的。今文经学与古文经学之争是汉代学术思想领域中最重要的一场论争。秦以前的典籍都是用六国时文字写的，汉代时称六国文字为"古文"，用古文书写的经书称为古文经。秦始皇出于愚民政策的需要，将这些用古文字写成的《诗》《书》等典籍付之一炬。西汉初年，一些老年儒生凭记忆把五经口授给弟子，弟子用隶书记录下来。隶书是汉代通行的文字，称"今文"，用今文书写的经书，称今文经。后来陆续发现用古文字写的经书。这样，在汉代经学家中就分成了今文经学家和古文经学家两派。两派的区别不只是表现为所依据的经学版本和文字不同，更主要的表现为怎样使经学为封建统治者服务上。今文经学家喜欢对经书作牵强附会的解释和宣扬迷信的谶纬之学；古文经学家则强调读懂经典，真正理解儒学精髓，为此侧重名物训诂，重视语言事实，比较简明质朴。许

慎属于古文经学派，他编著《说文解字》是要以语言文字为武器，扩大古文经学在政治上和学术上的影响。

《说文解字》的早期传本不得而知，据记载，最早的刊刻者是唐代的李阳冰，他在代宗大历年间刊定《说文解字》，但其中掺杂李氏臆说颇多。南唐徐铉、徐锴兄弟二人精研《说文解字》，徐锴的《说文解字系传》是第一种《说文解字》的注本，成书于南唐末年，世称小徐本，徐锴对李阳冰谬说多有匡正。徐铉于宋太宗雍熙年间奉旨校定《说文解字》，世称大徐本。另外，今尚存有唐写本《说文解字》木部残卷一卷，仅188字。清人研治《说文解字》，多以大徐本为基础，同时参校小徐本。大小徐本今天均有中华书局的影印本。

二、对《说文解字》的深刻了解

（一） 《说文解字》的编排体例

《说文解字》四个字告诉读者，这部书由"文字"和"说解"两部分构成。对于文字部分，我们需要了解两个问题：一是《说文解字》收录了哪些字，二是怎样把这些字编排起来。

许慎之所以把小篆作为收字和注释的对象，是有着深刻的历史原因的。因为小篆是一种经过系统整理的文字，是"书同文"的产物，它比籀文和古文都要规范、完备；因为小篆从籀文脱胎而来，与籀文大体相同，不同之处仅仅在于有些字在籀文基础上稍加简化。因为小篆同六国古文固然有不同的一面，但是也有相同的一面，拿出土的石刻儒家经典中的古文和《说文》中的小篆相对照，相同的占35%（曾宪通《三体石经古文与〈说文〉古文合证》，载《古文字研究》第七辑），所以把小篆作为字头也就涵盖了那些与小篆相同的古文和籀文。

许慎在《说文·叙》中说："今叙篆文，合以古籀。"指明所收的是正字，而非指重文。据统计，在《说文解字》重文中，指明是古文的就有500多字，指明是籀文的有219字，远远少于许慎所能见到的古文和籀文。这说明和小篆相同的古文、籀文决不在少数。

作为供人查检的字典，《说文解字》收字全面、系统，不仅包括难懂的字词，而且也包括常见的字词，《说文解字》收正字及重文共10516个，可谓集汉代文字之大成。在《说文解字》中，也有一些常用字没有收录，甚至在《说文解字》的说解中出现的一些字也不见于《说文解字》的正文。其中有些字没有收录并非由于疏忽，例如"刘、由、希、趾、铭、志"等字。当然，我们这样说，并不是要证明《说文解字》收字

尽善尽美，而只是说明许慎的收字原则。事实上，由于许慎轻视后起的俗字，所以尽管在说解中随俗，使用这些字，但是坚持不把这些字作为正字收进《说文解字》。另外，由于疏忽或见闻不及，《说文解字》也遗漏了一些字。

《说文解字》的重文即异体字，包括古文、籀文、篆文、秦刻石、或体、俗体、奇字、通人掌握的字、秘书中的字，共九类。《说文解字》以小篆作为字头，与小篆不同的古文和籀文则作为重文，这是正例；有时为了立部的需要，把古文作为字头，把篆文列为重文，这是变例。秦刻石即秦朝时在石头上刻的文字，也是小篆；或体指另外的形体，多为小篆；俗体指在民间流行的字体，仅限于小篆；奇字指古代某种特殊的字体，属于古文；通人掌握的字，指来源于专家的特殊的字；秘书中的字，指那些讲阴阳五行、秘密而不公开的书里所用的特殊的字，这两类字也仅限于小篆。在以上九类重文中，古文、籀文、或体三类占了绝大部分，其他六类数量很少。

在《说文》中，重文列在正字下面，不产生编排问题，而9353个形态各异的正篆怎么编排，确实是一个难题。人们在长期使用汉字的过程中，已经对汉字的分部有了一定的认识。许慎正是在这个基础上，提出了"分别部居，不相杂厕"（《说文·叙》）的汉字编排的原则。

许慎把众多的汉字按形体构造分成了540部，创造了一套成体系的"偏旁编字法"。这540部又是怎样编排起来的呢？据《说文·后叙》，是"立一为专""毕终于亥""杂而不越，据形系联"。540部按"始一终亥"的法则编排，体现了许慎的哲学思想，这是时代风尚所致，是不必苛求古人的。

"据形系联"指的是根据字形相近来安排次序。部首排列也有"以类相从"的情况。除了"据形系联"和"以类相从"之外，部首排列也有毫无道理可言的情况。南唐徐锴曾专论过《说文解字》的"部叙"（《说文系传》第三十一卷），试图将每一部字的编排次序讲出点道理。其实，在严格的检字法——部首检字法问世之前，部首的排列不管从形体出发，还是从意义出发，都具有不确定性，我们既不必苛求许慎，也不必强作解人。

每部当中列字的次序，大致来说是按照意义排列，把意义相关的字排在一起。按照《说文》列字的体例，凡是与部首、形体重叠或相反的，都列于该部之末，所以"禁""禫"二字或者是被后人颠倒了次序，或是后人附益的字。许慎对各部中字的排列都有一些安排，不过部与部之间字的编排因内容而异。

总而言之，《说文解字》的"部叙"和部内收字次第虽然有一定的安排，但是并没有严密的体例。初学《说文解字》，要查检某个字，往往不知道它属于哪一部。《说文解字》的部首是文字学的部首，与后世检字法的部首不同。要想顺利地翻检《说文解字》，必须逐步熟悉《说文解字》的 540 部及汉字本身的构形。这当然不是件容易的事，就连刊定《说文》的徐铉也感叹说："偏旁奥密，不可意知；寻示一字，往往终卷。"（《说文解字篆韵谱·序》）好在中华书局影印的大徐（铉）本《说文解字》后边附有部首检字和正文的检字，能够帮助我们解决不少问题。还有一个办法，就是通过《汉语大字典》来查检《说文解字》。凡是《说文解字》所收的字、所作的说解，这部大型辞书都收录了，并作了进一步的解释，可供读者参阅。

（二） 《说文解字》的构形体系

汉字发展到小篆阶段，其结构已经完全符号化了，这突出地体现在合体字上。在甲骨文中，图画性很强的会意字，到了小篆，或者将其拆散分别变成有音有义的构件然后重新组合，或者废弃不用另造形声字。这些字的构形特点是"据事绘形"，即根据词义以比形会意的方式分别造出一个个字来。这些字图画性强，符号性差；整体性强，分析性差；在字的内部，浑然一体，在字与字之间，缺乏整体的联系。这种造字方式是初级的，也是低能的。到了小篆，不仅已经完全抛弃了"据事绘形"的造字方式，而且对汉字体系中已经存在的这种字进行了改造。从甲骨文到小篆，这种图画性的合体字通过加强符号性，加强分析性，改造为由文字构件合成的会意字，这是一种情况。另一种情况是对甲骨文的形体进行更彻底的改造，变会意字为形声字。如

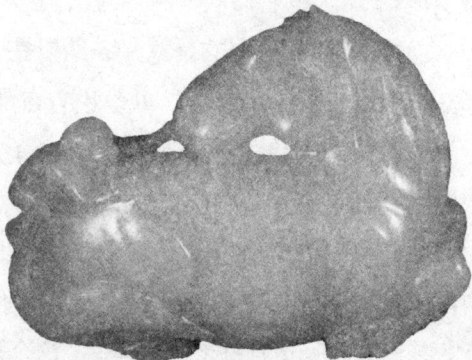

"沫、何、队、圅"等字就属于这种情况。

汉字结构到小篆已经形成了完整的定型化了的科学体系。这个体系经过许慎的分析综合，体现在《说文解字》的分部及说解之中。我们要了解小篆字系，首先应该从《说文解字》540个部首入手，去研究、把握小篆构形的普遍规律。这540个部首三分之二以上是独体的文，也是小篆字系的文字构件，将近三分之一的部首是合体的字，可以进一步分解为若干个文字构件。

《说文解字》之所以把包括同体会意的不少合体字作为部首，是因为《说文解字》遵循文字学的原则，按字的意义来归部。因为《说文解字》要严格贯彻文字学的原则，所以尽管有些部统辖的字极少，甚至有些部连一个统辖字也没有，也要设立这些部首。《说文解字》全书共有36个部首没有统辖字，但是仍然在这些部首字下注明"凡某之属皆从某"。《说文解字》之所以这样做，是为了维护小篆构形体系的完整。既然这些字有音有义，是最小的形体单位，并且绝大多数字曾经作为文字构件进入合体字担任形旁或声旁，那么我们就应该承认它们的构字功能。有些没有统辖字的部首字，即使只作形声字的声旁，如"燕"字，也应该承认它具备潜在的作为汉字形旁的能力。有些人之所以产生没有统辖字就不应该设立部首的想法，是因为拘守于检字法的原则，不了解《说文解字》的构形体系的缘故。

《说文解字》分部从分不从合，只要形体有别，哪怕意义完全相同，也要分为不同的部首。这个原则无疑是正确的。但是许慎由于拘于形体，也有分部不当的时候。也有分得过于琐碎，把小于文字构件的笔画作为部首的情况。《说文解字》分部根据的是意义，所以在部首字下标明"凡某之属皆从某"，540部基本上坚持了这个原则，可是也有自乱其例的情况。

在《说文解字》的构形体系中，每个部首都有形、有音、有义，每个文字构件都有形、有音、有义，这标志着小篆字系已经发展为一个严整的、定型了的科学体系。值得注意的是，在小篆字系中，有时小于文字构件的笔画与文字构件形体相同。例如"一"这个形体，作为文字构件，是数字，表示最小的正整数，读yi（一声）。同样是"一"这个形体，如果并不表示最小的正整数，那么它就是小于文字构件的笔画。许慎对这两种情况基本上区分开了。对于独体的象形字，许慎有时也从正字法的角度去解释字形。这仅仅是就小篆的形体而言，只要我们认真对照一下小篆的字形就不难明白许慎的用意。有的搞文字学的人，竟据此痛斥许慎缺乏起码的常识。这真有点让人哭笑不得。我们并不是要迷信《说文解字》，只是说应该尊重前贤，尊重民族的文化遗产。

（三） 《说文解字》的释义原则

《说文解字》是一部古文字字典，它按照文字学的要求解释本义，努力做到两个统一，即形和义的统一、文字和语言的统一。所谓形义统一，是说《说文解字》全面分析了小篆的构形体系，根据字形来解释文字的本义；所谓文字和语言统一，是说《说文解字》的释义是直接从文献语言中概括出来的，是与文献语言相符合的。

古人说："许书之要，在明文字之本义而已。"所谓本义，指的就是体现在文字字形上的字义，它一方面反映出表彰文字初期的造字意图，另一方面又确实是在古代典籍中被使用过的词义。

小篆的字形反映的是文字的造义，古籍中的用例反映的是词的实义，在《说文解字》中二者大多是一致的，但是也有不一致的情况。之所以造成这种情况，是由于文字的造意和词的实义存在着一定的矛盾。尽管造意是以实义为依据的，但是它有时仅仅是实义具体化、形象化的说明，语言中被使用的实义要概括、抽象得多。因为《说文解字》要紧密结合字形说解字义，限于体例又只能用极简单的话来训释，所以就难免迁就造意。我们在理解《说文解字》的这种训释时，只需要除去那些形象的具体因素而加以进一步的概括，就能把字的造意和词的实义统一起来。

由于拘泥于字形，《说文解字》对造义也有解释得不够确切，甚至迂曲荒谬的时候。

总的来看，尽管《说文解字》对字义的训释存在一些问题，但是绝大多数释义是有文献语言作为根据

的，是可信的。《说文解字》虽然没有自觉地在每个字下都引用书证，但是这并不是说，对这些字的训释是没有文献根据的。

由于《说文解字》的绝大多数训释是有文献作根据的，所以对字义的解释比对字形的解释可靠性要大。往往有这种情况，《说文解字》把字形解释错了，但释义并不错。

我们说《说文解字》中的绝大多数训释有文献根据，并不是说就可以迷信《说文解字》。由于时代的局限，《说文解字》的语言资料只能取自周秦文献，所收的文字不过是晚周、秦代以至汉代的字体综汇。至于甲骨文，因为出土很晚，许慎当然无从看见，就是金文也见得极少。这些都限制了他的眼界，在写作《说文解字》时出现遗漏和谬误之处自不能免。

我们在读《说文解字》时要坚持形义统一的原则，首先要了解、掌握小篆的构形体系及六书理论，此外还要注意学习一些古文字的知识，吸收古文字的研究成果，来补充、纠正《说文解字》。

我们要在读《说文解字》时坚持《说文解字》与文献相结合的原则，掌握古人提倡的"以字考经，以经考字"（陈焕《说文解字注·跋》）的训诂方法。

我们要学会利用《说文解字》的材料去解决文献阅读中遇到的问题，更准确更深入地解释词义，这就是"以字考经"。

（四）《说文解字》的说解方式

《说文解字》说解文字的一般格式是：首先解释字义，其次分析字形结构，然后根据情况补充其他方面的内容，如引经作为书证，用"读若"标音，等等。对于部首，都要标明"凡某之属皆从某"这样一句话，而对于部首所辖的字都要标明"从某"来呼应。"从"表示在形体上和意义上的从属关系。因为《说文解字》只解释字的本义，所以在大多数情况下只列举一个义项，如果有必要说明另外的意义，则用"一曰"表示。大致说来，说解的次序是先解释字义，再分析字形，然后用说明形声字声旁及譬况读音的方法说明字音。

《说文解字》的释义方式，或者用词释词，或者用短语释词。用词释词，在训诂学上称作单字相训，又称直训。直训可分四种类型：第一种是甲词释为乙词，而乙词不采用直训方式进行解释；第二种类型是甲词释为乙词，而乙词又释为甲词，这在训诂学上称作互训；第三种类型是甲词、乙词、丙词同释为丁词，这在训诂学上释作同训；第四种类型是甲词释为乙词、乙词释为丁词，丁词又释为甲词，这在训诂学上称作递训。

　　以词释词的优点在于简洁明了，尤其是在沟通古今语言、对译通语方言方面更是其他释义方式所不能企及的。《说文解字》的用意在于把方言译成通语。直训的释义方式重在以易释难、以今释古、以通释别，系联了相互训释的各词之间的同义关系，展示了被释词所属的义类。直训的缺点是，对词义缺乏细致的分析，未能揭示出词的内涵和外延，对同义词只求其同，不求其异，不能使人了解到同义词之间的区别。

　　用短语释词，或用一句话、几句话来阐明词义的界限，对词所表示的概念的内涵作出阐述或定义，古人把这种训释词义的方式叫做下义界。《说文解字》给词下义界，简明扼要、准确生动，具备了现代字典的特点。

　　《说文解字》对于数目、度量衡、亲属称谓的解释和今天的解释毫无二致，这是因为古今的认识一致。对于其他事物，例如对动物、植物、昆虫等等，许慎尽管缺乏现代的科学知识，但是也能够从生活经验出发指出被释词的属别。比如"蚤"是一种昆虫，"雀"是一种鸟，许慎根据它们的生活习性分别释为"啮人跳虫"和"依人小鸟"。在《说文解字》中经常采用这种类别式的下定义的方式，也就是说，在大类名的前面加上适当的限制或修饰成分。这种界说，一方面能够表现词的特点，另一方面还能够把这个词和邻近词区别开来。类别式的义界在《说文解字》中占很大比例。有些形容词没有适当的同义词不好互训，但是有相应的反义词，所以往往用否定语作注解。如"假"为"非真也"，"旱"释为"不雨也"。这样做既省事又明白。《说文解字》有时对词进行描写、比况式的说解。在《说文解字》中，对于实物、行为或状态，都可以描写或比况，至于对于历史和地理的叙述，也

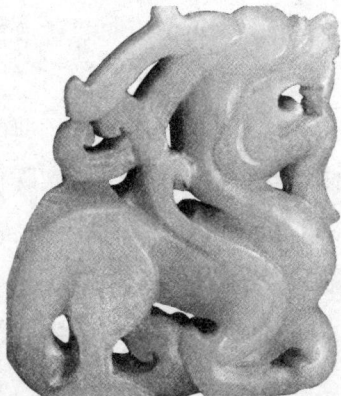

是一种描写，如释"馆"时叙述《周礼》，释"河"时叙述黄河的发源和流向。

从释词方式着眼，有直训和义界之分；从释词目的着眼，有义训和声训之分。如果释词的目的在于说明词的含义，这是义训。如果释词的目的在于说明词义的来源，即选用与被训释词音近义通的同源字来作训释词或主训词，这就是声训。义训可以选择直训和义界方式，如上文所述，声训也可以选择直训和义界方式。

以上情况是用训释词说明被释词的语源，前人称之为推因。还有一种情况，是用短语或一两句话来说解被释词，并在说解中指明被释词汇的语源。如"韩"释为"井垣也"，这是解释词义，而说解中的"垣"字与被释词"韩"在古音中既双声又叠韵（同属迎母元部），意义也相通，所以实际上许慎是以"垣"释"韩"的语源。我们把下义界时对被释词进行声训的训释字称作主训词。读《说文》的说解要特别留心找出主训词。有主训词而轻易放过，只能算读了说解的皮毛；找出了主训词，才算懂得了说解的精髓。主训词都有实义，大都处于说解中的关键位置，只要从音义两方面去和被释词比较，并不难找到。拿上述例子来说，"斐"释为"分别文"，"文"是主训词。"娶"释为"取妇也"，"取"是主训词。"潮"释为"水朝宗于海"，"朝"是主训词。"婢"释为"女之卑者也"，"卑"是主训词。这些主训词自然贴切地指明了被释词的语源。

有时《说文解字》的一条说解同时使用直训和义界两种形式，而目的都在于说明语源。如"媒"，释为"谋也"，又进而说明"谋合二姓也"；"山"释为"宣也"，又进而说明"宣气散生万物"。有时《说文解字》首先说明词义，然后论述其得名的由来。

在现代一般的语词词典中不进行语源的解释，这个任务由专门的语源学词典承担，而传统的训诂则既包括义训又包括声训。尽管声训还不能算作严格意义上的语源学的探讨，但是它所反映的古人对词义的语源学的解释有一些是可取的，我们在读《说文解字》的时候应该潜心体会，适当取舍。

《说文解字》分析字形结构有一套程式化的用语，简而言之，对于象形字多使用"象形""象某形""象某某之形""从某，象某某""从某，象某某

中国古代文字

之形"这些用语。

《说文解字》中除了指明"上""下"二字为指事以外，对其他指事字的说解用语与对象形字的说解用语大致相同，多使用"象形""象某某""象某某之形""从某，象某某之形"等语。比较特殊的说解用语是"从某，某……"例如："本，木下曰本。从木，一在其下。"（《木部》）"末，木上曰末。从木，一在其上。"（《木部》）说解中的"一"是指事符号。

《说文解字》对于会意字最经常使用的说解是"从某，从某""从某某""从……某""从某……某"；对于省形字使用"从某省，从某""从某，从某省"这些用语。《说文》中的异体会意字绝大多数是合二体会意，其中"从某某"及"从某……某"的形式可以连读成文。

《说文解字》对于形声字的说解，多使用"从某，某声""从某从某，某亦声""从某某，某亦声""从某省，某声""从某，某省声"等用语。形声字多为一形一声，"从某，某声"是形声字最通常的形式。"亦声"字是声旁有显示语源功能的形声字，古人称为会意兼形声或形声兼会意。"从某省，某声"，说解的是形旁有所省略的形声字。"从某，某省声"，说解的是声旁有所省略的形声字。

六书反映在字的构形上只有象形、指事、会意、形声等前四书。转注是给同义词造字的一种方法，除了在《说文叙》中许慎举出"考""老"为转注字外，在正文中从未提及，我们初学《说文解字》可以不必深究。至于假借，因为是以不造字的方式来满足记录语言的需要，所以许慎不可能指明哪一个字是假借，但是许慎指出了一些字的假借用法。许慎用"故为""故以为""故借以为""故因以为"等用语说明假借义与本义存在着引申关系。在《说文·叙》中，许慎说："假借者，本无其字，依声托事，令长是也。"也是把不给引申义造字仍用原字作为假借。后人讲假借比许慎又前进了一步，不仅讲引申本义的假借，而且讲纯粹借音的假借，而纯粹借音的假借最能体现假借的本质。

《说文解字》解释字音采用两种方式。一种方式是对于形声字都注明"某声""某亦声""某省声"，从而形成了一套完整的形

声系统。把若干层次的主谐字和被谐字都系联起来，这就是汉字的形声系统。清代有很多人作过这种工作，其中严可均的《说文声类》最完整、系统。朱骏声的《说文通训定声》打破了《说文解字》原有的分部，按照形声系统重新进行了编排。更值得提出的是段玉裁作《六书音韵表》，通过对《说文解字》形声系统的研究，提出了"同声必同部"的理论。比如上述从"工"得声的字，以及从以"工"为声旁的形声字得声的字，都属于一个古韵部——东部（ong），这个发现非常重要。从此研究古音不仅可以依靠《诗经》《楚辞》等韵文，而且还可以借助于《说文解字》的形声系统。

《说文解字》解释字音的第二种方式是用读若比拟汉代的音读。许慎在世时还没有发明反切，当时注音使用譬况法，有的用一字拟音，有的用俗语注音，有的用方言注音，有的用成词、成语注音，还有的以义明音。在用譬况法拟音时大多用"读若某"，有时也采用"读与某同"的说法。

《说文解字》注释有三种特殊格式：一是合释联绵词。对于联绵词，《说文解字》将构成联绵词的那两个字放在一起解释，这说明许慎已经初步有了词的观念。二是"连篆为释"。《说文解字》的正篆是被注释的对象，但是有时候正篆一身二用，既作为被注释字，又作为注释字，要跟注文中的字连读。例如："离，黄仓庚也""参，商星也"，要读为"离黄，仓庚也"，"参商，星也"。本来《说文解字》收字每个正篆后附列一个隶书，后来把隶书删去了，又误把与正篆相同的第一个说解字也删去了，所以才造成这种费解的体例。三是"复句为释"。《说文解字》的释文一般是一个词、一个短语或一句话，但是也有两个词、两个短语的时候，我们把这种体例称为"复句为释"。《说文解字》在流传过程中，有的"复句为释"中间的"也"字被删掉了，使说解变得晦涩难懂，如果补上"也"字，恢复成"复句为释"，释文就显豁了。例如："寻，绎（也）理也。"（《寸部》）"标，本抄（也）末也。"（《木部》）以上所讲到的后两个问题涉及到校勘。古书在流传过程中，不管是手抄还是刻版，都造成一些讹误。

三、《说文解字》与"六书"

（一）"造字"的两层含义

  《说文解字》处在语文学时代，就其起始的目的来说，是为了"正字"，即为了正确地认字和写字。其《后叙》即阐明认字和写字两大问题。不过，由于许慎博学多能，对汉字形体又深思熟虑，全面考察，因而使其成就在客观上突破了原来的目的，以至于引起后来学者浓厚的兴趣，并据此作了进一步的探讨与钻研，把它看成一部文字学的专著。传统文字学称为"小学"，也表明其起点是很低的识字教学，只是由于两汉经学今古文斗争中古文经学家的推崇，"小学"才上升为考证和释读儒家经典的津梁、讲解古代文献的工具，因而有了崇高的地位。

  对于"六书"，班固引刘歆称为"造字之本"。所谓"造字"，当有两层含义：一是就汉字的整体系统而言，即把语词转化为文字；二是就汉字的单个形体而言，即单个形体如何体现所记载的语词。许慎所谓的"作书"当指后者，且云："厥意可得而说"。因此，"六书"是对"著于竹帛"之"书"的说解条例，即许氏所谓"说字解经"的"字例之条"。解读文献的实用目的，也造成了"小学"固有的形、音、义互求的传统方法，其分析对象是秦代规范过的小篆，而汉代学者所说的"六书"就成了传统文字学分析汉字构形的法则。应当指出，许慎《说文解字》对汉字字形的编排已经表现出明显的系统论思想，但是，他对"六书"产生的顺序尚未经过深入的思考，其排列也就自然不着眼于汉字演变的历史事实。因此，我们有必要从系统性和历时性两个层面来思考并加以解释，方能得出正确的结论。班固所谓"造字"，许慎所谓"作书"，其实

质即为语词构造一个书面形体，也就是"汉字构形"。这个过程是一个十分漫长的摸索过程。在这个过程中，起主导作用的显然是当时人的思维方式。上古时期，人类认知思维的特点必定是重形体、重感知、重体验。在汉字初创时期，其构形思维必然只着眼于词所指称的意义内容上，即用字形直接显示词义，以达到"目治"的目的。但是，作为造字的这种构形方式明显有其局限性，因而古人构形思维的着眼点必然转向词的语音上。汉语是单音成义的词根语（孤立语），音节的有限必然会带来同音字的增多，因而引起表义上的困扰。为摆脱这种困扰，先民造字构形的思维便自然发生逆转，从着眼于词的语音又回复到着眼于词的意义。这一曲折的思维历程，给先民们带来了新的启迪，到最后，在造字构形上，便同时兼顾词的意义和语音两个方面。根据这种造字构形历程的合理推测，"六书"出现的先后顺序大体是：

象形——象意（指事、会意）——假借——转注——形声。

（二）专门之学——六书

许慎在《说文解字》中系统地阐述了汉字的造字规律——六书。《说文解字》开创了部首检字的先河，后世的字典大多采用这个方式。对于《说文解字》历代有许多学者研究，尤以清朝时最为兴盛。段玉裁的《说文解字注》、朱骏声的《说文通训定声》、桂馥的《说文解字义证》、王筠的《说文释例》《说文句读》尤备推崇，四人也获尊称为"说文四大家"。许慎在造字法上提出"象形""指事""会意""形声""转注""假借"的"六书"学说。并在《说文解字·叙》里对"六书"做了全面的、权威性的解释。从此，"六书"成为专门之学。

1.象形

象形是指用描摹词所概括的客观实体来表达词义的一种造字方法，用这种方法造的字，一般都是有形可象的指物名词。如"日、月、水、山"等。许慎对此的解释是："象形者，画成其物，随体诘诎，日月是也。"象形字的类别根据形体构造方式，可分为两类，即独体象形和合体象形。象形字有两个特征：一是简约性。象形字"画成其物"不是作画，是创造书写符号，是写词，摹写客观实体时，只勾勒轮廓，注重字形的简约性。二是典型性，即注重突出客观实体的典型特征，以增强象形字写词表意的区别功能。象形字的局限性：象形的造字方法很难用于表示无形可象的抽象事物。象形字为指事、会意、形声字的构成奠定了基础。

2. 指事

即用象征性的符号或在图形上加注指示性符号来表示意义的造字方法。如上、下、一、二、三、四、末、亦、本等字。

3. 会意

会意是用两个或两个以上的独体字根据意义之间的关系合成一个字，综合表示这些构字成分合成的意义，这种造字法叫会意。用会意法造出的字是会意字。

会意字的类型有：

（1）异体会意字：用不同的字组成。如"武"，从戈从止。"止"是"趾"的本字，戈下有脚，表示人拿着武器走，有征伐或显示武力的意思。

（2）同体会意字：用相同的字组成。如"从"，表示两人前后相随，"比"，表示两人接近并立。

会意字是为了补救象形字和指事字的局限而创造出来的造字方法。和象形、指事相比，会意法具有明显的优越性：第一，它可以表示很多抽象的意义；第二，它的造字功能强，《说文解字》共收会意字1167个，比象形字、指事字多得多。直到现在人们还用会意的方法创造简体汉字或方言字，如"灶、尘、国、孬"等。会意字是由两个或两个以上的形体组合而成的，组合的方式多种多样，交叉错综，这就是会意的方法所以"高产"、会意字所以多于象形字和指事字的原因。拿"人"和"木"说，"人"和"人"可以组合为"从、众"等，"人"还可以和其他

形体组合为"保、伐、戍、付、伍"等；"木"和"木"可以组合为"林、森"，"木"还可以和其他形体组合为"析、相、采、困"等。因为会意字是两个或两个以上字的形体的会合，所以可以表示许多抽象的、用象形或指事的方法难以表示的意义，如"休、尘、取、采"等。

4. 形声

即用义符（形旁）和音符（声旁）组合起来的造字方法。许慎说："形声者，以事为名，取譬相成，江河是也。"

5. 转注

"转注"，许慎的定义是："建类一首，同意相受。"意思是归于同一部类的字，它们的字义可以互为训释。历来各家对转注的解说不一，主要有两种：

（1）形转说，认为"建类一首"指用同类部首作意符，"同意相受"指同类意符的字义连类相承，如"考""老"同属"老"部而又可以互训（"考，老也。""老，考也。"）。

（2）音转说，认为"一首"指词源上同韵或同声的字，如"考""老"同属一韵，"颠""顶"同属一声，即意义相同而声韵也相同或相近的字。

6. 假借

假借为汉字的造字方法之一。用"假借"这种方法所造出来的汉字，称为"假借字"。

古时候，语言中的某个"词"，本来没有给它造字，就依照它的声音"假借"一个"同音字"来表达这个"词"的意义。许慎说："假借者，本无其字，依声托事，令长是也。"例如："难"原是鸟名，借为"艰难"之难；"长"是长发，借为长久之长；"久"是"从后灸之"，借为"久远"之久，等等。

四、《说文解字》的正确理解

（一）明确学习《说文解字》的意义

姜亮夫先生在《古文字学》中认为："汉文字的一切规律，全部表现在小篆形体之中，这是自绘画文字进而为甲文金文以后的最后阶段，它总结了汉字发展的全部趋向和全部规律，也体现了汉字结构的全部精神。"可以毫不夸张地说，正是因为有了《说文解字》，后人才得以认识秦汉的小篆，并进而能辨认商代的甲骨文和商周的金文与战国的古文。

在考释古文字的时候，有《说文解字》的正篆或重文可资对照，那么释读起来就确凿可信。如果是《说文解字》中没有的字，哪怕已经认清了古文字的偏旁结构，甚至已经可以确定它的意义，比如说人名、地名或祭名，但是音读不明，还不能说完全认识了这些字。

如果说，小篆不如甲骨文金文那样更能体现原始的造字意图，这是《说文解字》的劣势的话，那么甲骨文金文缺乏大批有影响的文献语言做根据，而《说文解字》的字义说解来自古代的经传典籍，这又是《说文解字》的优势。所以，如果要解释古书上的疑难字词或者进行古汉语词汇研究，还要把《说文解字》作为主要依据。

《说文解字》之学是根柢之学，它在文字学、训诂学、音韵学、词典学以及文化史上都占有显著的地位。它与词义的关系尤其密切。我们解释古书上的疑难字词之所以离不开《说文解字》，是因为《说文解字》里的训释是词的本义，而本义是词义引申的起点。我们了解了词的本义，就可以根据本义的特点进一步了解引申义以及和本义毫无关系的假借义。我们了解了哪个字是本字，就可以进而确定通假字，并且掌握文字

用法的古今之变。

（二）学会综合运用《说文解字》的资料

《说文解字》是一部供人查检的字典，同时也是一部供人通读的有理论有体系的文字学著作。读《说文解字》贵在融会贯通，能够综合运用书中有关形、音、义的各种资料。这主要包括：一是综合利用《说文解字》正篆下的说解及旁见的说解，二是综合利用《说文解字》的被训释字及训释字，三是充分利用《说文解字》的重文、引经的异文以及读者。要做到综合运用，最基础的工作是把散见的形、音、义的资料一一联系起来，互相参见，其中有些资料要集中起来，抄在本篆的书头上。

拿天干地支字来说，《说文解字》受汉代风尚的影响，在解释这些字的专科义时，不免阴阳怪气。但是在分析合体字涉及到天干地支字的语词义时，有些见解非常精辟。

旁见的说解很宝贵，有的能够纠正本篆下说解的谬误，如上例所述；有的能够对本篆的说解起补充说明的作用。

《说文解字》旁见的说解之所以重要，一是因为《说文解字》有的正篆下解释有误，而旁见的说解非常精辟；二是因为《说文解字》限于体例，在正篆下只能解释字的本义，而旁见的说解可以解释字的语源义、引申义乃至假借义；三是因为造合体字时所用构件的取意不一定是字的本义，所以要另作说解。下面补充一例，说明如何利用《说文解字》旁见说解明假借。

《说文解字》在讲到字的构意时，有时采取比附的方式，讲"某与某同意"。段玉裁说："凡言某与某同意者，皆谓字形之意有相似者。"（《说文解字注》"工"字下说解）我们在读《说文解字》的时候，要把这些构意相同的一组组字分别联系起来，做到互见，从比较中深入了解这些字的形义关系。

如何综合利用《说文解字》的被训释字及训释字，一般来说，读《说文解字》是要通过训释字来了解被训释字的，但是有时候训释字的词义不好把握，被训释字的词义却很明确。这时我们不妨倒过来，通过被训释字来了解训释字。

《说文解字》9353 个正篆都是被训释字，其中很多字还做过训释字。我们如果把这些做训释字的资料都抄录在正篆的书头上，可以互相参照，有利于我们更准确更全面地了解正篆的意义。

研究《说文解字》的训释字很有意义，因为训释字和被训释字之间的音义关系很密切，这里所讲的通过被训释字了解训释字以及综合利用正篆作为被训释字和训释字的材料，只是其中的一个方面。黄侃先生曾将《说文解字》里所有的说解字一个一个地研究过，《黄侃论学杂著》中所收的《说文说解常用字》就是当时搜集的资料。我们应该借用前贤的方法，注重对《说文解字》训释字的研究。从辩证的观点来看，同一个字可以处于被训释字的地位，也可以处于训释字的地位，并且在多数情况下是处于训释字的地位，那么要全面深刻地了解这个字的意义，当然应该把所有关于这个字的资料都集中运用起来。

《说文解字》有1163个重文，读《说文解字》时千万不能忽视这批资料。《说文解字》中有不少省声、省形字令人怀疑，如果有不省的重文，那么对于字的省声、省形就无可怀疑了。通过《说文解字》的重文，可以了解到文字向简化、形声化发展的趋势。由此可知，《说文解字》中的重文具有历史性，并不是一成不变的。我们通过重文的分化可以了解到文字的孳乳情况及字用的变化。重文中的古文、籀文对我们识读甲骨文金文，进而纠正正篆的讹误字形及说解极有帮助。

重文中还蕴藏着极为丰富的语音材料。清人钱大昕证明"古无轻唇音""舌音类隔之说不可信"就大量征引了形声字的异文。形声字由于声旁不同而构成异体字，前人称之为声母互换，训诂家通过声母互换的事实来沟通音义联系的线索，找出造字时的通借字。

《说文解字》引经典1083条作为书证，对于这些材料也应该注意综合运用。一方面要注意对《说文》所引经文的异文进行比较，另一方面要注意对《说文解字》所引经文与现今经典文本的比较。由此看来，通过《说文解字》引经的异文可以明通假，这对于了解字义、正确地释读古籍大有帮助。

如何利用《说文解字》的"读若"，《说文解字》用"读若"的办法为800多个

字注音，其中只有四分之一左右的"读若"专拟音读，其他四分之三左右的"读若"不仅注音，而且还连带解释了古代典籍中文字的训诂问题。我们在读《说文解字》时应该从四个方面去注意领会"读若"中蕴含着的文字训诂材料。所以这一类"读若"标明了通行的异体字。《说文解字》的这一类"读若"标明了通行的后出字。标明了它们之间存在的同源通用的关系。《说文解字》用"读若"的办法标明了典籍中通行的通假字。这种情况在"读若"中所占比重很大。如果我们能够熟练地掌握这种通假用法，对我们阅读古籍会有很大的帮助。

（三）注意吸收前人的研究成果

初读《说文解字》，要借助一本好的注释。大徐本和小徐本的《说文解字》只有简单的校语或案语，对于初学者理解原著裨益不大。清人的注释当首推段玉裁的《说文解字·注》。当年黄侃先生指导他的弟子学习《说文解字》就是从点读段注开始的。点读完第一遍以后，还要换一套书点读第二遍。陆宗达先生指导他的研究生学习《说文解字》，仍然遵循这个传统，一入学首先用两个月的时间点读一遍段注，完成之后，再用一个月时间点读第二遍，两遍段注通读之后，才开始进一步学习《说文解字》。《说文解字》博大精深、体例繁富、文字简古。段玉裁的《说文解字·注》是指导学习《说文解字》最好的教材。

读段注要注意以下几个问题。要注意的第一个问题是，看段玉裁如何校订《说文解字》传本的讹误。段氏非常擅长校书，他一方面以大小徐本《说文解字》作为底本，参阅众多古籍，对《说文解字》进行严格的校勘；另一方面又根据《说文解字》通例，以他书证本书，决定今本的是非。尽管段玉裁的校勘也有过于自信、近于武断的地方，但是总的来说，他订正了《说文解字》传本的许多讹误，对于我们正确地理解原文有很大帮助。

读段注要注意的第二个问题是，看段玉裁如何阐发《说文解字》的体例。

古人著书不明言凡例，但是实际上有统一的体例。段氏对于许慎著书的种种条例及写作的旨意，融会贯通，所以能够在注释中发凡起例，详加阐述。诸如此类有关《说文解字》体例的说明在段注中总计有五六十处之多，对我们阅读《说文解字》有极大的启发和指导作用。

读段注要注意的第三个问题是，看段玉裁如何把《说文解字》的注释和群书的训诂贯串起来，互相阐发。《说文解字》的训释大都是根据经籍训诂而来的。书中原有例证1083条，段玉裁补充了大量的例证来推求《说文解字》的根据。段注引用的材料极广，自先秦到唐宋，几乎所有重要的古书都涉猎到了。这种"以字考经，以经考字"的训诂方法，能够使《说文解字》的注释和群书的训诂相得益彰，不仅有助于我们理解《说文解字》，而且有助于提高我们阅读古汉语的水平。

读段注要注意的第四个问题是，看段玉裁如何疏通字义。这主要包括以下10方面的内容：一是指出本义，二是指出引申义，三是指出假借义，四是指出古今义的不同，五是辨析同义词，六是指出俗语词和方言词，七是辨析名物词，八是指出同源词，九是辨析词素义，十是指出用字的古今之变。

读段注要注意的第五个问题是，看段玉裁如何注明每个字在上古的韵部。段氏精通古音，他吸收了顾炎武、江慎修等人研究古音学的成果，分古韵为17部，著《六书音韵表》。段玉裁说："考周秦有韵之文，某声必在某部，至啧而不可乱，故视其偏旁以何字为声，而知其音在某部，易简而天下之理得也。许叔重作《说文解字》时未有反语，但云某声某声，即以为韵书可也。"我们对于字的古韵分部，不必一个一个地死记，只需要根据段氏提出的"谐声者必同部"的理论，记住声符字的归部就可以了，这个办法可以说是执简驭繁。

但段注也有一些缺点，如校勘过于自信，有时在证据不足的情况下擅改《说文》；拘泥于本字，把《说文解字》的说解用字都改为本字；由于受材料的局限，有时偏袒《说文解字》的错误。但是总的说来，瑕不掩瑜，在《说文解字》的所有注释当中，段注被推为众家之冠。王念孙曾在《说文解字注·序》中推许段注，认为自许慎之后，"千七百年无此作矣"。

说文解字

《说文解字》名家章太炎、黄侃也非常推崇段注。陆宗达先生尊师从教，一生中通读段注达 9 次之多。

学习《说文》除了要借助于段注外，还要注意吸收其他诸家的研究成果。与《说文解字注》同列为《说文解字》四大家的，还有桂馥的《说文解字义证》、王筠的《说文句读》《说文释例》、朱骏声的《说文通训定声》。桂馥的《说文解字义证》的最大优点是材料丰富，经史子集无所不包，我们可以从中翻检到古书中的例证。王筠的《说文句读》是作为初学者的普及读物来写作的，书中删繁举要地采用了段玉裁和桂馥两家的注释，又加上自己的心得。王筠研究《说文解字》的主要成果反映在《说文释例》中。这部书对于了解《说文解字》的体例、研究词义具有较高的参考价值。严格地说，朱骏声的《说文通训定声》并不是注释《说文解字》的著作，其写作的旨意在于阐述作者关于文字、音韵、训诂的观点。所谓"说文"，是疏证订义，从字形来说，是讲象形、指事、会意、形声。所谓"通训"，讲的是转注、假借。朱骏声把引申作为转注，将定义改为"转注者，体不改造，引意相受，令长是也"。把通假作为假借，将定义改为"假借者，本无其意，依声托字，朋来是也"。所谓"定声"，指的是把文字按古韵分类，打乱 540 部，综合形声体系，共得 1137 个声符，归纳成为古韵 18 部。18 部的名称取自《周易》的卦名。这部书打破了《说文解字》专讲本义的模式，不仅解说文字的形体，而且通释字词的义训，阐述词义的系统，确定每个字在古音系统中的声韵地位，是一部独具特色的好书。

其他有关《说文解字》的著作还有很多。如专门分析《说文解字》形声字声旁系统的著作，有姚文田的《说文声系》；专门研究《说文解字》收字的著作，有郑珍的《说文佚字》；专门研究《说文解字》各种版本差异的著作，有沈涛的《说文古本考》，等等。集《说文解字》注释及研究成果之大成的，是近人丁福保于 20 世纪 20 年代末 30 年代初编纂的《说文解字诂林》及《诂林补遗》。《说文解字》的最新注本，是张舜徽先生于 1981 年出版的《说文解字约注》。这部书综合了前人的研究成果，运用了不少甲骨文金文等古文字资料，对《说文解字》学有新的开拓。

《说文解字》学与古文字学的关系非常密切，二者互相补充，相得益彰。古文字学需要借助《说文解字》来考释出土的古文字。学习研究《说文解字》

的人需要借助古文字学的研究成果来印正和纠正《说文解字》。陆宗达先生在指导他的研究生学习《说文解字》的时候非常重视引导学生自学古文字。他让学生多准备几部大徐本《说文解字》，其中有一部专门用来比较甲骨文、金文和小篆的字形。研究生们根据《古文字类编》《汉语古文字字形表》，及《甲骨文编》《金文编》等古文字工具书，把已有定论的甲骨文、金文摹写在相应的小篆的书头或行间。如果对甲骨文金文的构形有疑问，再去查阅《甲骨文字集释》和《金文诂林补》。这样做，既借助《说文》学习了甲骨文金文，又借助甲骨文金文促进了对《说文解字》的深入了解，可以说是一箭双雕。

由于字形讹变或思想认识的局限，《说文解字》对相当一部分字的字形分析有错误，比如说省声字，段玉裁曾指出："许书言省声多有可疑者，取一偏旁，不载全字，指为某字之省。"

利用甲骨文金文纠正《说文解字》是一方面，另一方面还可以印证《说文解字》，加深我们对小篆字系的了解。

用出土的古文字材料纠正、印正《说文解字》的字形只是利用古文字材料的一个方面。另外还可以用卜辞、铭文以及其他出土的古文字材料为《说文解字》补充例证。

近几十年来，古文字学有了长足的进步，地下出土文物屡屡发现，往往为古文字学提供了新的材料和新的考释对象，这一切对《说文解字》学的发展都具有直接或间接的推动作用。所以我们学习《说文解字》时，要把眼光放得更开阔些，既不鄙薄《说文解字》，又不固守《说文解字》，要勇于并善于吸取古文字学的成果，来丰富和发展《说文解字》学。

五、《说文解字》的创造性及价值

（一）《说文解字》的创造性

1. 建立部首是许慎的重大创造之一。汉字是凭借形体来表示意义的，因此，对汉字义符加以分析，把所有汉字都按所属义符加以归类，这是汉字学家的工作，这项工作，由许慎最先完成了。

《说文解字》将汉字分为540 部，除了个别部首还可以合并与调整外，从总体上说都是合理的，都符合造字意图。许慎在安排 540 部的次序上煞费苦心，把形体相近或相似的排在一起，这等于把 540 部又分成若干大类，这可以帮助读者更深刻地理解义符，更正确地理解字义。每部所属的字的排列也不是杂乱无章的，而是依据以类相从的原则。具体说来有三种情况：其一，词义相近的字排在一起；其二，词义属于积极的排在前边，属于消极的排在后边；其三，专有名词排在前边，普通名词排在后边。

许慎创造的 540 部首和一部之中各个字的排列方法，都是从文字学角度出发的，这种排列方法更能体现部首与部首、字与字之间的意义联系，这与后世从检字法角度的分部和按笔画多少分类迥然不同。

2. 训释本义。许慎之前的经学家为经典作注，都是随文而释，所注释的字（词）义，基本上是这个字在一定语言环境中的具体意义和灵活意义。许慎在《说文解字》中紧紧抓住字的本义，并且只讲本义（由于历史的局限，个别字的本义讲得不对），这无疑等于抓住了词义的核心问题，因为一切引申义、比喻义等都是以本义为出发点的，掌握了本义，就能够以简驭繁，可以推知引申意义，解决一系列有关词义的问题。

此外，许慎在训释本义时，常常增加描写和叙述的语言，使读者加深对本义的理解，扩大读者的知识面，丰富本义的内涵和外延。

3. 对汉字形、音、义三方面的分析。许慎在每个字下，首先训释词义，然后对字形构造进行分析，如果是形声字，在分析字形时就指示了读音，如果是非形声字，则常常用"读若""读与某同"等方式指示读音。汉字是属于表义系统文字，是由最初的图画文字演变而来的，这样通过字形分析来确定、证实字义完全符合汉民族语言文字的一般规律。而语音是语言的物质外壳，文字不过是记录语言的符号，许慎深知"音义相依""义傅于音"的原则，所以在《说文解字》中非常重视音义关系，常常以声音线索来说明字义的由来，这为后世训诂学者提供了因声求义的原则。

4.以六书分析汉字。在许慎之前，有仓颉依据六书造字的传说。现代文字学家认为，六书是对汉字造字规律的总结，而不是汉字产生之前的造字模式。在许慎之前，仅有六书的名称：象形、指事、会意、形声、转注、假借，没有具体阐述，更没有用来大量地分析汉字。许慎发展了六书理论，明确地为六书下了定义，并把六书用于实践，逐一分析《说文解字》所收录的 9353 个汉字，这在汉字发展史和研究史上有着承前启后、继往开来的重要意义，从而确立了汉字研究的民族风格、民族特色。

《说文解字》问世以后，研究者蜂起。清代是《说文解字》研究的高峰时期。清代研究《说文解字》的学者不下 200 人，其中称得上专家的有数十人之多。清代《说文解字》之学，可分为四类：其一，是校勘和考证工作，如严可均的《说文校议》、钱坫的《说文解字斠诠》等；其二，对《说文解字》进行匡正，如孔广居的《说文疑疑》、俞樾的《儿笘录》等；其三，对《说文解字》进行全面研究，如段玉裁的《说文解字注》、桂馥的《说文解字义证》、朱骏声的《说文通训定声》、王筠的《说文句读》；其四，订补前人或同时代学者关于《说文解字》研究的著作，如严章福的《说文校议议》、王绍兰的《说文段注订补》等。其中第三种最为重要，段玉裁、桂馥、朱骏声、王筠被誉为清代《说文解字》四大家。四人之中，尤以段玉裁、朱骏声最为突出。

《说文解字》问世以后，很快就引起了当时学者的重视，在注释经典时常常引证《说文解字》。到了南北朝时代，学者们

对《说文解字》已经有了比较完整、系统的认识。唐代科举考试规定要考《说文解字》。自唐代以后，一切字书、韵书及注释书中的字义训诂都依据《说文解字》。

（二）　《说文解字》的价值

1. 在中国语言学史上的地位

《说文解字》主要是一部文字学方面的著作。关于《说文解字》的内容、体例以及它在文字学史上的价值，一般文字学方面的著作都已谈到，因此我们这里仅仅从语言学史的角度去阐述它的地位和价值。首先，《说文解字》的出现，标志着我国文字学的正式建立，因此，《说文解字》是文字学上开创性的著作，具有创学科的意义。在《说文解字》以前，也曾出现过一些文字学方面的著作，如《史籀篇》《仓颉篇》《爰历篇》《博学篇》《说文解字·叙》说：春秋战国时期，"言语异声，文字异形，秦始皇帝初兼天下，丞相李斯乃奏同之，罢其不与秦文合者。斯作《仓颉篇》，中车府令赵高作《爰历篇》，太史令胡毋敬作《博学篇》，皆取史籀大篆，或颇省改，所谓小篆者也"。西汉时，将这三部字书合称《三苍》，也统称《仓颉篇》。

见于《汉书·艺文志》的字书还有下面四部：《凡将篇》，司马相如作；《急就篇》，史游作；《元尚篇》，李长作；《训纂篇》，扬雄作。以上八部字书，只有《急就篇》流传至今。这些字书，与其说是字典之类的书籍，毋宁说是学童的识字课本，它们只是为《说文解字》的撰写提供了一些文字材料，因此，只有《说文解字》才算得上是我国第一部完整的、内容丰富而自成体系的字典。《说文解字》是我国文字学、字典学的起点，许慎是我国文字学的创始人。在《说文解字》的直接影响下，曹魏张揖有《古今字诂》、晋吕忱作《字林》、南朝梁顾野王撰《玉篇》、宋司马光等人编《类篇》，其部首体例与《说文解字》相似。明梅膺祚的《字汇》、张自烈的《正字通》、清代的《康熙字典》，仍然采用《说文解字》的部首体例，只是有所归并和省减而已。南唐徐锴撰《说文解字系传》，是一部研究《说文解字》的著作。

清代是《说文解字》研究的鼎盛时期，出现了段玉裁、桂馥、王筠、朱骏声四大家，自"乾嘉以来，关于《说文解字》之著作品，不下二三百种之多"形成了专门研究《说文解字》的一门学科——《说文解字》学。

2.《说文解字》在训诂学和词汇学上也有重要的价值

由于《说文解字》分析每一个字的形体结构，这就使我们可以透过文字形体来考察字的本义，即造字时文字所代表的词的意义。颜之推说："大抵服其书，隐括有条例，剖析穷根源，郑玄注书往往引以为证。若不信其说，则冥冥不知一点一画，有何意焉。"（《颜氏家训·书证》）尤其对于那些本义早已隐晦的字，通过《说文》，可以使我们清楚地理解它们。例如："自，鼻也，象鼻形。"在古代典籍中找不到这一意义的例证，但在卜辞中有这一意义。"而，须也，象形。《周礼》'作其鳞之而'。""而"的本义在古书中极少使用，一般用的是假借义。对于古书中比较常用的字，我们也可以通过《说文解字》的解释知道本义，然后通过本义了解引申义。这是以简驭繁、彻底掌握词义的一个重要方法。例如：向，北出牖也，从宀从口。《诗》曰："塞向瑾户。""习，数飞也，从羽白（自）声"。从"向"的"北出牖"这一本义出发，便可以得到"朝向，对着""方向，趋向""归向，敬仰""接近"这四个由本义引申出来的意义（据《辞源》，下同）。从"习"的"数飞"这一本义出发，可以很容易地掌握"复习、练习"，"学习""通晓，熟悉""惯常，习惯""亲幸的人""重叠""因、相因"等七个引申意义。由此可见《说文解字》在训诂学和词汇学上所具有的重要意义。

3. 我国优秀的文化遗产

《说文解字》是我国第一部以六书理论系统分析字形、解释字义的字典，它保存了大部分先秦字体以及汉代和汉代以前的不少文字训诂，反映了上古汉语词汇的面貌，比较系统地提出分析文字的理论，是我国语文学史上第一部分析字形，解说字义、辨识声读的字典，也是1800年来唯一研究汉字的经典著作，是我们今天研究古文学和古汉语必不可少的材料。

《说文解字》不仅在体例上和过去的启蒙识字的字书不同，即在所收字数上，也比这些字

书都多，如汉初把《仓颉》《爰历》《博学》三书合编为《仓颉篇》，共3300字。西汉末，扬雄的《训纂篇》共5340字，东汉贾鲂的《滂喜篇》共7380字。《说文解字》共收9353字，重文1163字，共10506字，比《滂喜篇》还多了1973字。不论是《尔雅》对于汉字的训诂、《方言》对于汉语方言的研究，或《释名》的音训，《切韵》《广韵》的声韵，无一不在《说文解字》的范围之内。《说文解字》总结了先秦两汉文学的成果，给我们保存了汉字的形、音、义，是研究甲骨文、金文和古音、训诂不可或缺的桥梁。特别是《说文解字》对字义的解释一般保存了最古的含义，对理解古书上的词义有很大帮助。书中关于秦汉时期全国各地方言的介绍，使其成了一本了解中国古方言的参考书籍。

《说文解字》保存了研究古代社会历史、文化等各方面的材料，是整理我国优秀文化遗产的重要阶梯。《说文解字》包括各种含义的字的解释，反映了古代的政治、经济、文化、风俗习惯等等。如"车，舆轮之总名，夏后时奚仲所造"。根据《说文》的说解，可以肯定在夏代已有"车"这种交通工具。又如"姓"字从"女"和诸如"姜""姬""姚"等一系列从"女"旁的姓，可以窥测到古代母系社会的痕迹。由此可见，《说文解字》反映了古代的一些历史情况和各种知识，有助于我们博古通今。

汉字发展简史

　　汉字有着悠久的历史，是中华民族文化的重要组成部分，作为一种标识文明的符号，汉字在发展过程中，音、形、义方面发生了巨大的变化，在形体上逐渐由图形变为由笔画构成的方块形符号，所以汉字一般也叫"方块字"。汉字是中华民族几千年文化的瑰宝，具有集形象、声音和词义三者于一体的特性，这一特性在世界文字中是独一无二的，因此汉字具有独特的魅力。

一、汉字的起源

　　文字的创作是我们的祖先经过极其漫长的岁月探索出来的。在汉字尚未出现之前，人与人之间的交流较少，也没有形成一定规模的交际网，因此，文字对于当时的人来讲，没有多大的作用。随着原始部落的形成，人们生活越来越复杂，对交往的需求不断增多，本部落内部需要记载发生的大事以便被后人知晓，部落之间的沟通也逐渐频繁，于是人们开始创建一些符号，用以记事。这就是早期的文字。

　　文字的产生是人类进入文明时代的标志。汉字是人们交往的工具，也是记录文献、传承文化的工具，同时，汉字的产生也扩大了人们交流的范围。汉字是人类现存的最为古老的文字之一。它的产生同其他语言有共同的特征，但作为民族文化的代表，汉字也有自身的个性。由于产生时代过于久远，现今的学者已经无法追溯到汉字起源之初，后人只能通过考古发现对汉字产生的时代及原因进行推测。民间也流传着有关汉字崛起的传说。概括起来有结绳记事说、刻契说、八卦说、仓颉造字说等，在以下的文章中，我们将逐一介绍。

（一）　结绳记事说

　　结绳记事是指在远古时期，人们用在绳子上打结的方式来记事。据民俗家、人类学家的考证，结绳记事是原始民族记事的主要方式之一。这种方式至今在我国藏族、高山族、独龙族、哈尼族中仍存有一些痕迹。此外，古埃及、古日本、古波斯都曾有过结绳记事的习俗。近代美洲、非洲、大洋洲的土人也有此习俗。

老子提倡毁掉"现有"文明，回到原始时代，其中就有消除文字，回到结绳记事之时。可见老子时期的人们认为文字产生于结绳。《庄子》也记叙了有关内容。《周易·系辞传》中说："上古结绳而治，后世圣人易之以书契。"这不仅指出了当时人们对结绳的看法予以肯定，同时也引出了我们在下节所讲的"契刻说"。另外，东汉许慎《说文解字·叙》中指出："及神农氏结绳为治，而统其事。"可见结绳记事存在于神农时代。根据以上有关"结绳"的记载，我们大致可以推断："结绳"是战国时期盛行的传说，或是远古流传下来的习俗。

结绳的方法，在中国古代文献的记载中并不多见，郑玄的《周易注》："结绳为约，事大，大结其绳；事小，小结其绳。"简单地说，古代结绳不是一件容易的事。要先取一根木棒（也有人说用一条主绳），在上面系上各色长短不一的绳子，每种颜色代表不同的意义。黑色代表死亡；白色代表银子或和睦；红色代表军事及兵卒；绿色代表谷物；黄色代表黄金等。另外，对于绳子的结法也是多种多样，各种结法可以表示不同的数目。这种打结的方式与后世的金文形体有一定的联系。例如：单结表十数

（"十"金文写作"╿"），双结表二十（"廿"金文写作"╙"），三个结表三十（"卅"金文写作"╩"）等。从上面几例中，我们可以推测出当时人们把对于数目的概念抽象地记在绳子上。有记载说，古人记数用手指为工具，如果十个手指不够，又得避免记录失误，就要依赖于绳子或草茎打个结来表示十，久而久之，"十进制"就形成了。在古代，每个城市都设立结绳官，用绳结记事。

人们认为结绳是文字的起源，是因为结绳的功能与文字的功能是一致的。都作为记录的辅助工具。少部分事情我

们可以记录在大脑中，但每时每刻都有事物产生与变化，加之人脑的记忆空间有限，就不得不寻找另一种辅助记忆的工具，于是结绳与文字便产生了。我们可以看到，结绳存在的年代相当久远，它的记录功能十分有限，即使它可以有不同的颜色，不同的打结方式，它仍无法反映世间万千的变化，因此结绳的记录功能较弱。

有一点我们必须强调的是，结绳只是作为记录的工具，它并不是真正的文字，尽管有少数数目字可能来源于结绳，但这种现象并不普遍。我们不能以偏概全，不过毫无疑问的是，结绳必定是推动汉字产生的重要条件之一。它作为一种视觉符号已经具有了文字的雏形，因此，把"结绳记事"作为文字产生的根源之一是有一定历史依据的。

（二）刻契起源说

刘熙《释名·释书契》中说："契，刻也，刻识其数也。"《王力古汉语字典》中对"契"字有如下解释：古代在龟甲兽骨上灼刻文字，其灼刻文字的工具也叫"契"。刻契，就是在竹木上做些缺口，用缺口的多少来表示财富的多少。刻契产生于文字之前，主要分为两种：一种是主事人自己持有的用以计数；另一种是将竹木一分为二，双方各持其一，并以齿缝的相互吻合作为验证。对于这一点，古书中有多处记载。如郑玄注《周礼》时有这样一句解释："书契取予事物之券也。其券之象，书两札，刻其侧。"《列子·说符》中有："宋人有游于道得人遗契者，归而藏之，密数其齿，告邻人曰：吾富可待矣。"正如以上所述，契上的齿越多，其财富越多。这种木契应用范围极广，保持时间较长，在少数民族中也可见到。清代陆次云的《峒溪纤志》指出："木契，是以刻木为符号，记录时间的。苗人虽然有文字，但不能都学会，因此，每当有事情发生，就在木上刻记号以记录，用来作为承诺兑现的标志。"

在古代陶器上所发现的刻画符号，学者们称其为陶符。远古陶符上有关于数字式简单刻画的记载，不仅出现在仰韶文化陶器上，在大汶口文化陶器上和商代陶器上也出现了类似的图画。据中国田野考古报告集《西安半坡》的编者们推测"这些符号可能是代表器物所有者或器物制造者的专门记号。这个所有者可能是氏族、家庭或个人。这一假设的证据是后来我们发现多种类同的符号，出于同一窑穴或同一地区"。大多数陶符都是由简单线条组成，一般每一件器物只刻一个符号，并且位置较固定。陶符虽然不能成为社会通用的语言，但它作为一种记事符号，对于人们的记忆起到了重要的作用。刻契这种方式，也许是古文字书写的形式之一。古人这种刻契方式，有可能是后世青铜器文字、竹简文字的前身。由此看来，刻契对于汉字发展的作用远远大于结绳。

（三）八卦说

八卦相传是由庖牺氏（伏羲氏）所创。许慎《说文解字·叙》云："古者庖牺氏之王天下也，仰则观象于天，俯则观法于地，视鸟兽之文与地之宜，近取诸身，远取诸物，于是始作八卦，以垂宪象。及神农氏，结绳为治而统其事，庶业其繁，饰伪萌生，黄帝之史仓颉，见鸟兽蹄之迹，知分理之可相别异也。初造书契，百工以乂，万品以察，盖取诸'夬'。"依许慎之说，八卦早于结绳。由此文字得以流传。"卦"的本字为"圭"，偏旁"卜"，是古代占卜的符号。到了黄帝时，史官仓颉才造了书契。《说文》中有"圭从重土"，马叙伦认为庖牺氏在作卦时，是用抟土的方式做的。八卦共有八种符号。

八卦有与卦名相对的卦形歌：乾三连，坤六段，震仰盂，艮覆碗，离中虚，坎中满，兑上缺，

巽下断。周文王时期，将八卦中的任意两卦相结合，演绎成六十四卦。占卜时，用四十九根蓍草茎，按《周易·系辞传》中的法则进行演算，结果只有六、七、八、九四种。得六称老阴；得七称少阳；得八称少阴；得九称老阳。演算三遍得一卦，演算六遍可得一重卦。再根据卦象分析，结合《易经》便可占卜吉凶。

八卦这些符号，是形、音、义的结合，与文字的三要素相符合，因此，有人认为汉字起源于八卦。近人刘师培视八卦为文字之始祖，实则八卦的演变与汉字没有直接关系。但八卦的确传达了古代计算方式，是古代的计数工具。现在发现的商周时期的八卦便是以计数符号构成的。所以有学者认为八卦与数字符号都来源于古老计数法。后世将八卦应用于学习中。例如有这样一个谜语"兔吞山"，谜底为"卿"。这里的"兔"是用了十二地支中的"卯"来代表，而"山"则是用了八卦中"艮"的卦象，因此该谜语实是"卯吞艮"，所以谜底为"卿"。

（四）仓颉造字说

关于汉字的创造者，"仓颉造字"是旧时最为流行的说法。传说仓颉是黄帝的史官，有四只眼睛，因此有敏锐的观察力。他看到天、地以及鸟兽的足迹萌生了造字的想法。据古书记载：他的行为感动了上天，上天向地上赐予了大米和白面，吉祥幸福连连降临。仓颉造字之说最早见于战国时《世本·作篇》："沮诵、仓颉作书。"关于"沮诵"，有人认为是官名或是人名。我们现在无从知晓，但仓颉造字从此便流传开来。《韩非子·五蠹》《淮南子·本经训》及东汉许慎的《说文解字·叙》中都有记载。

对于仓颉是否是文字的创始人，历来学者比较一致地认为：文字不可能是一个人创造的，它必是人们在长期的社会生活中随着交流、生产的需要逐渐产

中国古代文字

148

生的。如果文字是由仓颉一人所造，就没有必要将一个字造出多种意思，也不用同时造出几个字来表示同一个意思。古代异体字的存在也就说不通了。其实，上古并没有"仓颉"二字，所以仓颉的由来可能是后世人为传说中的人物取的名字。正如"燧人氏"是钻木取火的创始人；"神农氏"是最早进行农业生产的人。有学者研究，上古音中，"颉"与"契"音近，因此推测"仓颉"就是"创契"之意，也就是后世人对创造文字的人的称呼。

还有另一种说法是，在仓颉造字之前，文字就已经存在了，仓颉是在已有文字的基础上对文字进行总结、整理。《荀子·解蔽篇》说："好书者众矣，而仓颉独传者，一也。"意思是喜欢写字的人很多，只有仓颉一人将汉字进行记录与整合，以传于世，方便后人使用。由此，百姓所说的仓颉造字，是指仓颉对汉字的搜集整理。由于当时尚不文明，通晓汉字的人并不多，而仓颉作为史官，工作中接触汉字较多，又对文字有所了解，才有机会和实力来整理汉字。

仓颉造字说如今已被学术界否定，认为这不过是一个传说而已，又因为文字对人类社会的贡献很大，于是人们也将仓颉的形象神话了。可以肯定的是文字不可能是一个人创制的，因此，仓颉造字说是不准确的，但仓颉对文字进行整理，对文字做出很大贡献是有可能的。

（五）有关汉字的考古发现

汉字的真正起源，必须要有史料证实才行。之前的那些传说，还没有得到确证。我们对汉字产生的原因和背景曾一度模糊，直到考古学家在地下发现了几千年前的龟甲兽骨，对汉字的起源才有了进一步的认识。

甲骨文的发现有一个故事。清光绪年间，国子监祭酒王懿荣得了疟疾，中医给他开了个药方，说只有将"龙骨"捣碎服用，才能治好病。这里的"龙骨"指埋在地下的动物骨头。于是家人到集市上买来这种骨头给他做药。有一天，王懿荣无意中发现了这些骨头上有花纹，于是就请来寄居在自家的文字研究者刘

鹗共同研究，一致认为这是古代的文字。当然，这不过是一个故事。据说甲骨文的真正发现者是山东一个叫范维卿的人，他做古董生意，发现这些甲骨后，将它们送给王懿荣。甲骨确实是由王懿荣和刘鹗整理的，后来刘鹗经过多方收集，潜心研究，终于写成了《铁云藏龟》，从而揭开了汉字起源的神秘面纱。甲骨文的年代大约在三千三百多年前的殷商时代，由于这时的甲骨文已经是比较系统的文字，显然不在造字之初。从原始文字演变到甲骨文必定经历了相当漫长的岁月，只是这些文字的原型还没有被考古学者们发现。因此，可以说汉字产生在殷商初期或更早。对于文字的源头是否出现在距今六千多年的远古时期，学术界仍有争议。

1994 年，考古学者们在宜昌杨家湾发现了一些刻在陶器上的符号，经研究这些符号是距今约六千年前新石器时期留下来的。这些符号记载了人们生活中的事物，有一定的规则。从字体上看，与甲骨文非常接近，因此，专家们认为这是目前发现最早的象形文字。这一发现，又将汉字的起源向前推进了三千多年。

不过汉字的起源问题研究至今，远没有结束，因为汉字起源年代会随着我们考古工作的进展而不断向前推移。具体推移到什么时候，我们是无法预测的。

二、汉字字音的发展变化

（一） 基本术语

由于时代的不同，在研究古音的过程中，难免会遇到生僻的词语阻碍我们的前进，要想掌握汉字语音的发展历程，了解相关术语是十分必要的，这样才能保证我们在初步探索汉语语音发展的道路上畅通无阻。下面我们将简单介绍一些汉语语音术语。

1. 送气：在语音学史上又称"吐气"，发音时，口腔解除障碍后有一股较强的气流冲出，以这种方式发出的音叫送气音。用"'"作为标记。例如：P[P']。

2. 带音：发音时声带颤动的音叫带音，不颤动的音叫不带音。带音也叫浊音，不带音叫清音。

3. 纽：又叫声母或声纽，纽是"枢纽"之"纽"。

4. 字母：是声纽的代表字。现在我们分析语音可以用汉语拼音或国际音标，但在古代并没有这样的工具，因此创造出字母。例如要分析"帮、边、不"等字，这些字的声母都是"b"，但那个时候没有"b"这种表达方式，于是从众多以"b"为声母的字中选出一个"帮"字为代表，这些字就是"帮母字"。

5. 三十六字母：是中国传统音韵学中的概念，据说是唐末的和尚守温制定的，人称"守温三十六字母"，用来代表当时语音系统中的三十六个声母，但不是十分可靠。后来刘半农在敦煌卷纸中发现了一份音韵学残卷，证实守温只创了三十个字母，另外六个是北宋人加的。因此三十六个字母是宋代的声母数量。

6. 韵部：古韵学家把古代韵文押韵

清浊部位		全清	次清	全浊	次浊	现代汉语发音部位
牙音		见	溪	群	疑	舌根音
舌音	舌头	端	透	定	泥	舌尖中音
	舌上	知	彻	澄	娘	舌头后音
唇音	重唇	帮	滂	并	明	双唇音
	轻唇	非	敷	奉	微	唇齿音
齿音	齿头	精心	清	从邪		舌头前音
	正齿	照审	穿	床禅		舌叶音
喉间		影	晓	匣	喻	舌根音、半元音、零声母
半舌					来	边音
半齿					日	鼻齿音

的字分成类，每类叫一个韵部。上古韵部严格地说不等同于现代的韵母，只要韵腹和韵尾相同就可算同一韵部。吴棫把古韵分为 9 部；郑庠把古韵分为 6 部；段玉裁把古韵分为 17 部；章太炎把古韵分 23 部；黄侃把古韵分为 28 部；王力把《诗经》时代的古韵分为 29 部，把《楚辞》时代的古韵分为 30 部，学术界认为 30 部较合适。这三十部分别是之部、职部、蒸部、幽部、觉部、冬部、宵部、药部、侯部、屋部、东部、鱼部、铎部、阳部、支部、锡部、耕部、脂部、质部、真部、微部、物部、文部、歌部、月部、元部、缉部、侵部、叶部、谈部。

7. 阴声韵：上古音韵中，以元音收尾或无韵尾的韵部叫阴声韵。之部、幽部、宵部、侯部、鱼部、支部、脂部、微部、歌部属于阴声韵。

8. 阳声韵：上古音韵中，以鼻音为韵尾的韵部叫阳声韵。蒸部、东部、冬部、阳部、耕部、真部、文部、元部、侵部、谈部是阳声韵。

9. 入声韵：上古音韵中，以塞音收尾的韵为入声韵。职部、觉部、药部、屋部、铎部、锡部、质部、物部、月部、缉部、叶部为入声韵。

10. 谐声偏旁：是指形声字的声符，代表了这个字构成时的声母古音特点，凡同谐声偏旁的声母必定相同。如"何"的声符是"可"，因此上古时期"何"应该与"可"字同音。

11. 声训：是用音同或音近的词来解释词义，循着声音线索推求词义联系，同时探求语源，产生于先秦。

12. 异切：是指反切以后出现的标音现象，指同一个字不用同一种方法进行反切。例如"眉，目悲切"。也有材料上标为"眉，武悲切"。

13. 入声：以塞音（p、t、k）结尾的音，发音时声音短促，塞音只有成阻阶段，而不爆破。如"若"，上古读音为"zep"；"漠"，上古读音为"mop"等。

14. 唇音：相对于声母而言，是指发音时从双唇或唇齿之间发出的音，古时双唇音叫重唇音，唇齿音叫轻唇音。如 b、p、m 属于双唇音（重唇音），f 属于唇齿音（轻唇音）。

（二）汉语语音的变化

汉字语音的发展不像字形的研究那样直接，因为古代的人们已经逝去了，而在当时又没有先进的技术设备，无法将语音记录下来，语言学家们只能通过对各种材料的收集，来寻找语音发展的规律。语言学家把汉语语音发展分成四个阶段，分别是上古时期（晋代前）、中古时期（北宋前）、近古时期（清代前）和现代（清后至今）。

1.声调的变化

上古的汉语声调与今天的声调有很大不同，经过几千年的发展，声调发生了规律性的变化。上古声调分为平声、上声、长入声和短入声，中古时期的声调分为平声、上声、去声和入声，均与现代汉语的声调系统不同，现代汉语的声调分为阴平、阳平、上声和去声。这种变化之间有什么规律可循呢？我们在读古诗词或文言文时，发现很多应该押韵的地方，今天读起来，却不符合韵律。语言学家们发现，上古的短入声到了中古时期仍为入声，而长入声则脱落了入声韵尾变成了中古的去声。如"木"，上古为长入声字，标音为"mup"，到了中古则为去声。现代汉语语音系统将上古和中古的平声分为阴平和阳平两部分。阴平声主要来源于古清声母平声字；阳平来源于古浊声母平声字；上声来源于古清声母上声字和不封浊声母上声字（声母是边音 l、鼻音 m、n、ng 和零声母的阳上字）；去声来源于其他浊声母上声字和古去声字；中古时期的入声，到了现在已经不存在了，现代汉语语音系统将上古和中古时期的入声完全归入了今天的阴平、阳平、上声、去声之中，这就是所谓的"平分阴阳，入派四声"。

2. 发音的变化

（1）古无轻唇音

古无轻唇音是清代汉学家钱大昕提出的。钱大昕，一字晓徵，号辛楣，又号竹汀，晚年自称潜老人，清代的史学家、汉学家。乾隆时期曾授皇十二子书，与纪晓岚并称"南钱北纪"。晚年病退官场，归隐田园，潜心研究，治学严谨。钱大昕在他的著名的读书笔记《十驾斋养新录》中提出"凡轻唇之音，古皆读为重唇"。古时声母有清浊之分，古无轻唇音是指没有像"f"一样的清音轻唇音和像"v"一样的浊音轻唇音。在上古声母系统中，轻唇分别归入重唇，即凡属声组"非、敷、奉、微"的汉字应归入"帮、滂、并、明"之中。

例1：背与负。背与负是同源词，由于背东西的"背"与负重的"负"同义，引申为背叛的"背"与负心的"负"同义。据钱大昕推论，古代没有"fu"的语音，"负，读如背"。

例2：并与方。方，并头船也，两船并在一起叫"方舟"；两车并在一起叫

"方轨"。方与并同源，古时"方"应读作"并"。

例3：旁与房。古时人们有将"阿房宫"误写作"阿旁宫"的现象，今天我们将"阿房宫"中的"房"读作"páng"，因为上古时期没有"fáng"的读音，这也是钱大昕发现"古无轻唇音"的关键。

另外还有古读"弗"如"不"，古读"奉"如"帮"等。

研究古无轻唇音还可以从形声字入手。清代著名学者段玉裁提出"同谐声者必同部"，意思是说上古形声字（谐声字）同声符的读音一定相同，然而今天我们读起来可能就与先前不同。例如：以"方"为声符的字有"旁、榜、彷、磅、膀、防、放、房、仿、芳、纺、访"等，这些都属同一声符"方"，而声母分为三种：第一种为"f"；第二种为"b"；第三种为"p"。第一种属于轻唇音，后两种属于重唇音，但在上古时期他们的读音是相同的。这种现象在一些南方方言中尚有保留，比如吴方言的典型代表上海话就存在将"孵"读作"bu"等情况。

（2）古无舌上音

这一重要理论也是钱大昕提出的。古代的舌上音究竟如何去读，现在已经无从考证，但可以肯定的是舌上音与今天的现代汉语中舌尖后音相似，因为现代的舌尖后音来源于此。用三十六字母来表示为"知、彻、澄"（"娘"的问题将在下面的文章单独谈），在吴方言中保留了痕迹。吴方言中"澄"字的声母为"s"。舌上音出现在中古时期，它来自上古的舌头音，也就是今天的舌尖中音，用音韵学的声纽来表示为"端、透、定"（"泥"的问题与"娘"一起谈）。其中"端""透"属于清音，"定"属于浊音。上古的舌头音经过几千年的发展，形成了两个分支，一部分发展成今天的舌尖中音；一部分逐渐演变成现代汉语中的"zh"和"ch"。

例1：猪与都。古时读猪（zhū）如都（dū），但我们不难发现猪与都声旁均为"者"。说明"者"字上古读音应该与"都"相同。

例2：澄。澄的声母为"登"，属于定母。

例3：瞠。声母为

"堂"，属于透母。

例4：春。小篆字体为，从"屯"得声。

研究古无舌上音也可以从形声字中得到经验。例如：澄、橙、瞪、蹬、凳、磴的声符都是"登"，上古时读音应该与"登"相同。后来一部分发展成为舌上音，发展成"cheng"的音；一部分仍保留原来的舌头音"deng"。另外，今天的闽方言中还保留古无舌上音的例证，闽方言中"朝"被读为"diao"，"抽"被读为"tiu"等。

（3）娘日二纽归泥

这一理论的最早提出者为章太炎。章太炎，即章炳麟，出身于书香门第，博览群书，通晓古今，对文字学、音韵学见解独到。撰写了《古音娘日二纽归泥说》《古双声说》等音韵学方面的文章。娘日二纽归泥的意思是上古音韵系统中没有娘、日两个声纽，后来属于这二纽的字应来源于泥纽。这是对钱大昕的"古无舌上音"的发展。他说："古音有舌头泥纽，其后支别，则有舌上娘纽，半舌半齿有日纽，于古皆泥纽也。"后王力认为，娘纽归泥是对的，至于日纽归泥的问题还有待商榷。

例1：耐与能。上古音韵系统中"而"与"能"同音，耐从"而"得声。

例2：汝与女。汝的声符为"女"，上古时期应与女同音。

（4）喻三归匣，喻四归定

这是清代学者曾运乾提出的。他曾以考古、审音闻名，对声母的研究贡献尤为突出。撰写了《喻母古读考》《切韵五声五十一纽考》等。《广韵》中的反切将喻母分成两类，一类是云类，只能与三等韵相拼，称为喻三；另一类是以类，与四等韵相拼，称为喻四。喻三在上古时期与匣母（现多读为 h）相通，在现代方言区仍保有印记，足以证明"喻三归匣"是正确的，但"喻四归定"的说法存在争议，有些问题用这种说法还无法解释。

例1：营与环。古代营读如环，《韩非子》中"自营为私"，《说文解字》引用后写为"自环为私"。

例2：于与乎。古文中介词于和乎用法相同，读音相同，两个字是同一个词。

中国古代文字

例3：夷与弟。上古时期，夷读如弟，"匪夷所思"也有写作"匪弟所思"的。

例4：姨与弟。《释名》中说妻之姊妹为姨，姨，弟也（次第的意思）。说明姨与弟同源。

例5：余与荼。荼以"余"作声符，说明上古时期二字的读音相同，余读如荼。

此外还有笛，声符为"由"；淡，声符为"炎"；通，声符为"甬"；悦，声符为"兑"等。

（5）照系二等归精系

这个理论最早是由语言文字学家黄侃提出的，后来钱玄同转述了这一观点。《广韵》反切把照系声母分为两类，庄类只与二等韵相拼，称为照二；章类只与三等韵相拼，称为照三。黄侃认为精系和照二在形声字中往往同一，也经常在异文中遇到。但黄侃并没有弄清真正归并的原因。照系二等字归精系是指照系中照、穿、床、审的二等字庄、初、床、山分别归并为精、清、从、心，三等照、穿、神、审、禅归入端、透、定。三等归端、透、定的说法经过学者们的研究认为存在问题，目前学术界认为照三的来源非常复杂，出现在端、透、定中的只是一部分，而不是全部，因此这种说法还要进行进一步研究。

例1：则与测。测以则为声符，中古时音应该相同，而则属精系字，测属于照系二等字。

例2：组与阻。均以且为声符，而组属于中古精系字，阻属中古照系二等字。

例3：洒。在《广韵》中有两种反切方法，一是先礼切；二是所卖切。前者是中古精系字，后者是中古照系二等字。

（三）标音方式的演进

早期的汉字造字法主要有象形、指事、会意等表意方式，但这种方式只能见字知义，而无法读出汉字的声音，随着交往的深入发展，这种造字方式的不足越来

越明显，于是产生了形声字、假借字等。假借虽然能用一个字表示另一个字的读音，但是，还存在一些弊端，例如要给一个字注音必须先认识注音字，而且有的时候注音字的读音本身不确定，这给注音工作带来了一定的麻烦。形声字不仅能表示字的意义，同时也能使人见字知义，因此，形声这种造字方式逐渐赢得大家的青睐，并发展成为主流，使汉字在发展过程中逐渐由形意字向意音字发展。

对于汉字的标音大约可以分为几种：譬况发音、读若、直音法、反切、注音字母和汉语拼音方案。下面我们对每一种方法进行简要的分析。

1. 譬况发音

譬况发音是上古的一种标音方式，是用描述性的语言来说明一个字的发音方法。譬，喻也，使人通晓之意。这种方法是众多标音方法中最难懂、最复杂的一种。描述的方式可以有很多种，可以描述发音部位；可以描述发音时口型；可以描述声调的长短；可以描述吐气状况等等。但这种方法只能简单描述发音状况，而不能精确地表明字的读音，这样描述只能使读者了解大概情况，有时还会令人费解。《公羊传》中有一句话："春秋伐者为客，伐者为主。"显然两个"伐"不是同一个含义，注释为"伐人者为客，读伐长言之……见伐者为主，读伐短言之"。即两个不同意义的"伐"字由读音的长短来区分，并不能达到精确的程度。

2. 读若

读若是上古时期应用极为广泛的注音方法，是介于譬况和直音法之间的一种注音方式。汉代还没有反切，因此遇到难辨识的字就用读若标明。但读若需要读者认识用来标记的字，如果不认识就无法达到目的，如橘，读若樊。而且同音者并不多，有时只能用音近的字来代替，不十分准确，如袳（chǐ），读若池(chí)。许慎的《说文解字》中有很多字用了这种方式，有的接近于直音。此外，在《说文解字》中还有用方言来标音的，也有用俗语标音的。"读若"在有的书中写作"读如"，用法与读若相同。后来又出现了"读为""读曰"，但后两者是用来标明古今字和通假字的。读若法用一个字标音改变了譬况法描述发音的方式，易于读者掌握，是注音方式的一大进步。

3. 直音法

直音法是指直接用一个字标记另一个字的读音的方法，大约产生于东汉末年。《汉书》中使用过这种方式。直音法与读若法多有相似，都是以一字注一字，而最大的区别，也是直音进步的表现，在于读若可以用音同或音近的字，直音只能用音同的字来注释。这样直音法不仅是一种有效的注音方法，也为后世研究古代音韵提供了宝贵的材料。直音法产生不久，反切法相继出现，但是这并没有使直音法随即消亡，而是出现了直音反切共存的局面，直至清代，这两种方法仍共同被使用。今天我们日常交往中，仍可以用直音法来说明一个字的读音，非常方便。

在用直音法的时候，存在没有同音字的情况，继而产生了一种辅助方法组四声法。即在没有同音字的情况下，找到音近的字标明变调。例如：韩，汉阳平。这种纽四声法虽然有一定的补充作用，但未能成为一种独立的注音方法，只是为补充直音法而存在的。

4. 反切法

反切法是中国传统标音方法。是用两个汉字来标记一个汉字的读音，上字取声母，下字取韵母（包括介音）与声调。其中前一个字叫反切上字，后一个字叫反切下字。例如"推，他回切"。取"他"的声母"t"，取"回"的韵母"ui"，拼合而成"tuī"。"他"叫反切上字，"回"叫反切下字。反切法创于汉魏之间。过去很多学者一直认为反切法由孙炎所创，而后来学者在研究汉代文章时发现反切之法早于孙炎。反切法有一套严格的规律，不能随便找一个字来注音。陈澧《切韵考》中指出："切语之法以二字为一字之音，上字与所切之字双声，下字与所切之字叠韵；上字定其清浊，下字定其平上去入；上字定清浊而不论平上去入，下字定平上去入而不论清浊。"例如：循，详遵切。

随着语音的不断演变，汉字的声韵调都发生了很大变化，不是一成不变的，因此有些汉字的反切注音和其现代的读音不相符合。于是，反切也出现了不足之处，近代一些学者提倡反切法的改革，但是由于汉字语音系统的复杂性，这种想法一直没有得以实施，但反切历经了一

千多年，也见证了汉字语音的变化，它所记录的古汉字读音，为我们后人留下了宝贵的资料，值得我们进一步研究。

5. 注音字母

明清时期，西方文化流入中国，传教士们为了宣传教义，开始学习汉语，并用罗马字母来标注汉字的读音，这种方法为我国语言学家打开了标音思路，于是纷纷效仿。

1913 年，"读音统一会"制定了"注音字母"，后改为"注音符号"，所采用的字母符号类似于汉字。最初制定 39 个，1918 年增至 40 个，其中声母 24 个，韵母 16 个，大都依照章太炎拟定的"取古文篆籀迳省之形"。分别为：ㄅ、ㄆ、ㄇ、ㄈ、ㄪ、ㄉ、ㄊ、ㄋ、ㄌ、ㄍ、ㄎ、ㄫ、ㄏ、ㄐ、ㄑ、ㄪ、ㄒ、ㄓ、ㄔ、ㄕ、ㄖ、ㄗ、ㄘ、ㄙ、ㄚ、ㄛ、ㄜ、ㄝ、ㄞ、ㄟ、ㄠ、ㄡ、ㄢ、ㄣ、ㄤ、ㄥ、ㄦ、ㄧ、ㄨ、ㄩ。注音字母一经产生便得到了广泛推行。

与反切相比，注音符号有很多优势。首先，它摆脱了反切条件的繁复，减少了反切中多余的音素，应用起来比较方便。其次，注音符号比较灵活，可以单独标音，如师用"ㄕ"注；也可以组合标音，如弯用"ㄨㄢ"，观用"ㄍㄨㄢ"。最后，注音符号标音比反切准确，每个注音字母只代表一个音素。

注音符号虽然比反切法有了改进，但仍不尽善。由于汉语存在很多方言，读音无法统一，而注音符号只能代表大多数省份的读音，同时存在语调上的差异，使它还不能作为标准的注音方式进行推广。但是它的出现毕竟为我国的教育以及普通话的推广做出了贡献，因此，它的功绩是值得肯定的。

6. 汉语拼音方案

汉语拼音方案制定于 20 世纪 50 年代。中国文字改革委员会于 1956 年拟定了《汉语拼音方案（草案）》，征集全国政协和各界人士的意见，经过多次审议和修订，于 1958 年 2 月正式推行。《汉语拼音方案》由于比过去的各种注音方案都完善，因此受到了群众的热烈欢迎。

汉语拼音方案采用国际上流行的拉丁字母，不仅灵活、准确，还有利于各国间的文化交流。同时，《汉语拼音方案》是推广普通话的有效工具，并能作为各少数民族进行文字改革的模范。总之，它是汉语史上出现的最为完善的汉字注音工具。

三、汉字字形的发展变化

汉字从产生至今，经历了数千年的历史。在这几千年的历史长河中，汉字的形体发生了巨大的变化。先秦文字共分为商代甲骨文、西周金文、春秋战国时期的各种文字以及秦代的小篆等，我们称这些文字为古文字，因为这些文字形体还与图画有些类似。汉字在汉代进行了隶化，于是又有了汉代的隶书，及汉以后的楷书、行书、草书等，我们称这些文字为今文字。

(一) 甲骨文

甲骨文是我们目前发现最早的成体系的汉字。由于当时的环境所致，甲骨文是殷商时期刻在龟甲和兽骨上的文字，因此得名。又由于我们见到的甲骨文以契刻为主，因此，甲骨文也叫"契文"。

甲骨文出土于河南省安阳市小屯村，由于这里是殷墟遗址，因此甲骨文又叫"殷墟文字"；此外，殷商时代统治者笃信天命，每事必卜，并用甲骨文作记录，所以甲骨文也有"卜辞"或"殷墟卜辞"的名称。

甲骨文记载了从商代第二十个王盘庚到最后一个商王商纣王时期的文化。商代统治者迷信至深，而甲骨文又是用来记录和占卜的，因此，甲骨文的内容大都与占卜有关。占卜涉及的范围极广，从天文星象到人间琐事，可谓包罗万象。具体说来有庄稼收成、捕鱼狩猎、四方征战、天象、婚娶、祭祀、疾病等。此外也有非卜辞的甲骨文，如天干地支、数目计量等。到目前为止，出土的甲骨文共整理出不重复的单字四千六百多个，能用后代楷书书写的有一千七百多个。

通过学者们的整理、研究，总结出甲骨文的一些特点。

第一，象形比重较大，总体上以不标音的形意字为主，形声、转注字较少。

甲骨文中的象形字形象逼真，富有

图画色彩，使我们一看便知其意。如 🐎（马），重点突出了它的鬃毛。🅞（日）、🌙（月）、⛰（山）、🌊（川）等都是典型的象形字。还有一些象形字只是突出实物的某一典型特征，如 🐂（牛）、🐑（羊）等字。甲骨文中的会意字同样极富形象色彩。会意字多以象形、指事为基础，因此具有很强的表现力。如 🤚（取）、🍚（既）、🗡（武）等。此外，甲骨文中还有指事、形声、转注字，这说明甲骨文时期的汉字已经形成体系，具有了语言的基本功能社会交际功能。人们可以通过这些汉字进行语言、思想的交流。

第二，甲骨文字形不固定，结构不规则。有多形同字现象，也有同形多字现象。甲骨文处在造字早期，体系尚不完善，出现了许多形体不统一的现象。同一个字有不同的表达方式，只要能反映出实物大体形态即可。形状可以不一，笔画多少没有明确规定，繁简不拘一格。这是由于文字尚未脱离图画造成的。如"马"字可写成 🐎、🐎、🐎、🐎 等；"犬"字可写成 🐕、🐕、🐕、🐕 等。有些甲骨文的正与反、正面与侧面没有分别。如"舟"，正面 🚣 与反面 🚣 都表示"舟"字。龟字正面 🐢 与侧面 🐢 没有分别。甲骨文时期，偏旁意识还很模糊，所以，偏旁的位置不固定，如"祀"可以写成 🅱 或 🅱；"既"字可以写成 🅱 或 🅱。也有偏旁数目不同的现象。另外，甲骨文中也存在加偏旁与不加偏旁都表示同一个字的现象。还有用同一个形体表示不同的汉字。卜辞中的 ⛰（火）与 ⛰（山）同形。

第三，甲骨文的笔画多瘦长少肥笔。甲骨文是用刀刻在坚硬的龟甲和兽骨上的，所以刻出的笔画比较瘦，很多肥笔用瘦笔代替。如遇到肥胖的实物，只能用简单的线条来勾勒其基本轮廓。同时甲骨文习惯用横竖等直笔来代替弧线，把圆形刻成方形。

从以上特点我们可以看出，甲骨文虽然已经形成体系，但是尚不完善。甲骨文时期，汉字仍处在不断的变化、发展中，灵活性较强。

（二）西周金文

金文又称铭文，是指契刻在青铜器上的文字。因为古代把铜称为金，所以就把铜器上的文字称为金文。又由于古代铜制乐器中钟的体型最大，礼器中鼎的数目最多，所以用这两个器物为代表，又把金文称为钟鼎文。金文从商末开始流行，一直延续到战国时期。从宋代开始，金文受到重视。出土的铜器中，商代的铜器多出于河南，周代的铜器多出于陕西，战国时期的铜器则覆盖范围较广。出土的铜器中，周代的铭文影响最大，因此，后世人把金文视为周代的代表文字。从金文的整理中，我们得到的单字大约四千个左右，已经辨认出的大约有二千五百个左右。

商代金文的数目较少，这些金文记载的内容多为氏族名、父祖名以及器物制造者的名字。商代以后出现了记事的金文，有些篇幅较长，为后代的研究提供了依据。西周金文记录了很多重要的大事，很多西周金文反映了祭祀、战争、土地政策、册命制度，也有一些诉讼事件体现于其中。西周战事较多，赏罚功过都可见于金文之中。除此之外，我们也可以从金文的记录中了解西周人的思想，如尚德、守孝道、笃信天命等。

金文的特点如下：

第一，绘画成分逐渐减少，结构渐趋稳定。金文一般用范铸，这要比在坚硬的甲骨上刻字容易得多，因此可以随心所欲，圆笔则不必为方笔所代替。西周初期的金文还存在大量的绘画成分，但随着时间的推移，这种图画型的汉字呈现出逐渐减少的趋势。由于金文是写在铜器上的，形状比甲骨规则得多，因此写在上面的汉字也比甲骨文规则得多。首先，西周金文出现了较多的肥笔，如 🧍（天）；其次，金文中的许多弧线被平直的线条取代。如"女"字甲骨文为 ，发展到金文为 。由于太多的弧线给书写带来了

不必要的麻烦，所以金文线条化越来越明显，这也促进了方形结构的稳定。

第二，金文字形构件不断统一，字形逐渐定型。在甲骨文中，出现了一字多形和一形多字的现象，到了西周金文，这种现象逐渐减少，汉字的字形趋于稳定。例如甲骨文中"东"字的字形有繁有简，到了西周金文就基本固定为"東"了。"逐"字在甲骨文中可以从豕（ ）、从犬（ ）等，到了西周金文就统一为从"豕"字了。另外，甲骨文中大量存在的倒书、反书的现象在西周金文中也大大减少了，形式多样的汉字逐渐定型了。

第三，偏旁趋于规范。甲骨文中偏旁意识还很淡薄，经常出现偏旁不固定的现象。而在西周金文中，一些近似的偏旁都经过挑选，尽量留下差别较大的，又增加了一些区别性的形符，避免混淆。同时，也将近似的偏旁进行统一的整理。另外，偏旁不但形体规范，而且位置也基本固定了下来，如"氵"居左，"艹"居上等。

（三）春秋战国时期的文字

春秋战国时期是我国由奴隶社会转向封建社会的过渡时期。在此期间，文化方面发生了巨变，促使汉字有了很大发展。这一时期的文字无法像之前的甲骨文和金文那样统一，在延续使用金文之外，还出现了书写于竹简和布帛上的简帛文，刻于玉石上的石刻文以及陶文、货币文、玺印文等。通常说的籀文是春秋时秦国的文字，源于周宣王时太史籀写的《史籀篇》，与石鼓文相似；六国古文是六国所使用的文字，与简帛文相似。

王国维认为籀文是"大抵左右均一，稍涉繁复。象形象事之意少，而规旋矩折之意多"。籀文保留了很多西周文字的风格，运笔遒劲有力，在布局上的确较之前的汉字整齐，字体也日趋线条化，笔画无波磔，方块明显，为方块字的盛行打下了基础。而六国古文则存在许多异体，形式多样，又有许多简体字，难以统一。

春秋战国时期的文字，无论是籀文还是六国古文，把它们统一来看，存在以下一些特点。

第一，文字异体较多。由于战乱，春秋战国时期各国的经济、政治、文化存在太多差异，不仅各国之间争霸，诸侯之间的战争也时有发生，因此影响文字朝着不同的方向发展，逐渐打破了金文的统一局面。秦系文字主要继承西周，文字比较规范，而六国文字没有统一的规定，因此同系文字存在的异体很多，较难辨认。而且，如前所述，春秋战国的文字有陶文、货币文、玺印文等，书写的材料不同，功能也就不同，自然造成了字体差异。另外，战国时期，各国文字还习惯加上一些装饰的笔画，称之为"饰笔"。饰笔的形状受到各国文化和习惯的影响，饰笔的有无与多少也是造成异体的原因。

第二，变化的方向不同。春秋战国时期，汉字讹变现象突出表现在手写材料上，例如简帛文上常存在混淆一些形义不相近的汉字的情况。如"贞"的声符"鼎"有些变成了"贝"；有些变成了"目"。这种现象不仅在单字使用中存在，在形符组合中也有体现。将讹变的形符与其他部件组合构成新字，造成一系列字体的变化，也导致汉字发展的方向不同。如"心"和"口"的关系密切，人们一向认为"口"的行为源于"心"的思考，因此，人们在使用"心"旁的时候，容易加上一个"口"字；使用"口"的时候，也可以增加"心"符，这种现象在春秋战国时期大量存在。

第三，形符和声符的组合不同。形符与声符的组合主要表现在形声字中。战国时期的文字同语言一样，形式多种多样。这一时期变换形声字的声符比以往普遍得多。不同地区，语音稍有变化，就会导致当地人换用不同的声符来表示字的读音。如能够进行自如的交流，则属于异体字；如不能达到交流的目的，则被后人看做转注字。例如："道"字有从"首"声，也有从"舀"声的。

（四）小篆

秦始皇统一六国后，为了便于统治，对文字进行了改革，派李斯统一文字。李斯推行了"书同文"的政策，这就是统一汉字的形体小篆，推进了各个地区

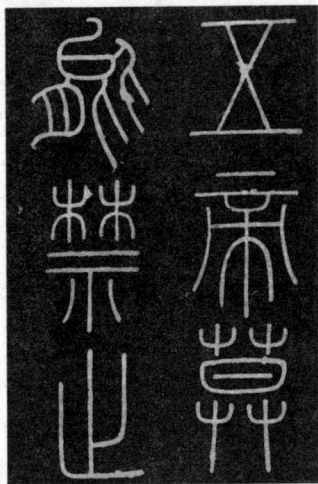

的文化交流。

小篆基本沿袭了春秋战国时期秦系文字的特点，同时又吸收了六国文字的优点，才形成今天我们所见到的小篆字体。

小篆字体在中国流行直至汉代，但由于字体美观，时至今日仍被书法家们摹写。

遗留下来的秦代小篆字体，刻在石头上的较多，是我们今天见到的小篆的重要来源。对小篆整理成就最高的是东汉语言学家许慎，他编撰的《说文解字》中收集了大量的小篆字体，为后世学者对小篆的研究提供了重要的资源。《说文解字》中收集篆文九千三百五十三个，重文一千一百六十三个。并对汉字的字形进行研究，追溯到造字之初的本义，首创了部首排列，为小篆的整理提供了重要的方法。

小篆较之前的字体有很大改进，具体特点如下。

第一，合体字的偏旁和部首得到了固定。先秦文字中存在的正写、反写、侧写在小篆时期得到了基本统一。首先偏旁固定了下来。先秦汉字中偏旁写法不一或根本不同的异体字，得到了统一，基本保证同一个字同一个偏旁。

不仅如此，小篆还规定了偏旁的位置，同一个字的偏旁不能再像从前那样可以自由移动、随心所欲，必须按照同一种位置将其固定。如"道"字，金文中有􀀀、􀀀等写法，到了小篆时期逐渐统一为􀀀。基于以上原因，势必促使汉字定型化，许多异体字在这一时期被删掉了，减少了人们之间交流的障碍，在汉字发展中有积极意义。

第二，复杂的笔画得到简化，绘画成分再度减少。甲骨文、金文中有许多笔画保留着图画的影子，很多笔画只是起到装饰的作用，给书写带来了极大的不便。小篆在金文的基础上继续减少绘画成分，逐渐将早期的象形线条化。尤其在石刻文字中可以看到文字明显的方块化。例如甲骨文中的􀀀（龟）演变成小篆后成为􀀀，字体变得规则了，横平竖直，虽然尚不能完全摆脱图画，但已经逐渐趋近了符号化。

第三，出现了大量的形声字。小篆的构字部件引进了大量的声符，使形声字的比重增大。由于这种造字法不仅可以见字识义，也能够见字辨音，因此形声这种造字法逐渐成为主流，影响越来越大，为汉字造字提供了新的重要途径。

（五）隶书

隶书分为秦隶和汉隶。秦隶是指秦代所使用的隶书。秦代是以小篆为标准字形，"隶"是辅助之意，有学者认为"隶书"指的是"小篆"的辅助工具。因此，隶书又叫佐书。由于小篆书写起来多有不便，民间百姓以及下层官吏为了使用快捷，逐渐将笔画草化，所以，在秦隶时期，隶书与草书是并存的，而且为汉隶波磔起伏的笔势奠定了基础。但秦隶来源于小篆，必定保留了一些小篆的风格。

到了汉代，统治者为了统治方便，照搬秦朝的一些制度、政策，也将文字沿袭下来，因此，在汉代初期所使用的隶书属于秦隶。汉隶产生在西汉的中后期，是在秦隶的基础上发展而来的。它将秦隶草率的笔法变得规则、美观，并不断简化，线条逐渐粗细均匀，笔势日益规范化。隶书形体优美，刚柔并济，因此多年来备受书法家们的青睐。书法中的隶书是逆锋入笔，蚕头燕尾。由于存在秦隶与汉隶两种隶书，因此，也将秦隶叫古隶，将汉隶叫今隶。值得提出的是，汉隶对秦隶的改革，使汉字彻底摆脱了古汉字阶段的象形，开始向符号化方向发展，在汉字发展史上具有划时代的意义。

从秦隶发展而来的汉隶具有以下特点。

第一，变弧为直，变圆为方。为了书写方便，隶书将小篆中的各种线条变为横、竖、撇、点、折、钩等简单的笔画。小篆中多为弧形线条，隶书中将其变为直线。另外波磔的出现、撇捺的挑锋以及扁方的形体也是隶书的特色。隶书为了追求快捷，废弃了许多象形的笔画，也造成了一些汉字讹变的现象。例如黑字，小篆作𤎫，隶化后成为"黑"，下部分"炎"变为"土和灬"。

第二，偏旁或部首删繁就简。隶书将小篆复杂的偏旁改为形体简单的符号，有的需要归并几种复杂符号为一种简单符号；有的则需要新造出一个简

单的符号来代替小篆中繁复的符号。如春、奉、泰、奏四个字，在小篆中分别为 䒔、䇏、䇶、䇻，它们上部分存在明显的差别，而隶化后为春、奉、泰、奏，四个字上半部分完全相同。

第三，一些偏旁或部首由于位置不同，出现了不同的形体。小篆中的偏旁或部首不论在哪个位置，形体是一致的，到了隶书，为了书写方便和整齐，同一偏旁或部首在不同的位置上出现了不同的形体。如火部，小篆中无论在上、下、左、右都写作火，而在隶书中出现了"火""灬""小"等几种；心部在小篆中写作心，隶变后有"心""忄"以及"恭"的下部分等几种。

此外，汉字隶变以后，使汉字告别了古文字阶段，也就是说从隶书开始，汉字走上了纯符号的道路。隶书标志着汉字从古文字向今文字的过渡。

（六）草书

草书分为章草、今草和狂草，始见于汉代。许慎《说文解字·叙》中记载："汉兴有草书。"由于草书始于民间，所以古书中尚未发现关于草书创始人的记载。草书初创之时，是将隶书解散形成的。为了快速书写隶书，草书的笔画较草率。但这种书写方式有其独特的魅力，受到书法家的关注。经过书法家的加工与规范，到了西汉末期东汉初期，草书逐渐走向成熟，这时的草书是"章草"。"今草"是在"章草"的基础上逐渐完善而成的。到了唐代，又发展出"狂草"。

1. 章草

章草兴起于西汉，盛行于东汉。对于章草的起源，一般认为是杜操所创。杜操，字伯度，京兆杜陵人，章帝时为齐相，是东汉著名的书法家，善章草，与东汉书法家崔瑗（师从杜操）并称"崔杜"。擅长章草的书法家还有张芝、皇象、卫瓘等人。其中张芝被推为"草圣"。张芝不仅书法一流，其刻苦练习的精神更值得后人学习，晋卫恒评价他为"临池学书，池水尽墨"。

章草的得名有几种说法。第一种说法，章草名字的由来是因为汉章帝看到杜操的草书后，大为赞赏，下诏用草书字体上表奏章，因此，章草的"章"是章帝的"章"。第二种说法是史游在汉元帝时作《急就篇》（又叫做《急就章》），该书是用草书写成，因此章草之"章"是《急就章》的"章"。但这种说法不可靠，因为《急就篇》是用来教学童的字书，不可能用草书写成。第三种说法是由于章草写成的汉字，字与字之间不相纠缠，遵守一定的章法，因此章草的"章"是章法的"章"，这种说法被后人广泛接受。

章草来源于隶书，因此，章草的身上仍保留一些隶书的影子。章草继承了隶书波挑的风格，一字之中有牵连萦绕，但各个字之间保持独立，不与其他字相纠缠。同时沿袭了小篆的弧线，且运笔轻重变化较大。

2. 今草

今草是在章草的基础上发展而来的。不同的是，章草是隶书的快写方式，今草是楷书的快写方式。关于今草的起源有两种说法。其一是今草起源于东汉张芝，据说张芝勇于创新，打破了章草的写法，将章草复杂的笔画省略，运笔自然、流畅，创造了"草书"字体；另一种说法是起源于东晋王羲之和王洽。欧阳询曾说："张芝草圣，皇象八绝，并是章草，西晋悉然。迨乎东晋，王逸少（王羲之字逸少）与从弟洽，变章草为今草，韵媚宛转，大行于世，章草几将绝矣。"这两种说法，后者较为可信。但一种字体的出现不是一蹴而就的，它必定经历一个过程，据说在魏晋之间就有章草的简化体，只是王氏兄弟以书法著称，作品为多数人所见，才有此种说法。

今草相比于章草有继承，也有突破。今草将章草进一步简化，不仅一字之内笔画相连，也打破了字与字之间的界限，出现了上下字相连的情况。字体完全摆脱了隶书的规范，是楷书的前身。张怀瓘在《书断》中写出今草的特点："字之体势，一笔而成，偶有不连，而

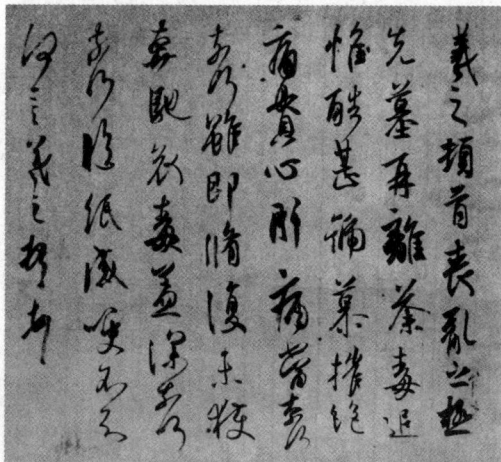

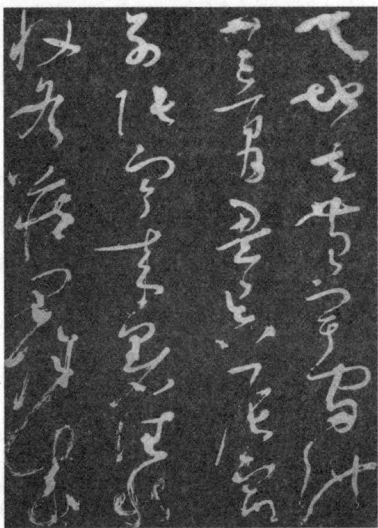

血脉不断；及其连者，气脉通其隔行。"基于它的特点，今草书写起来方便快捷，挥洒自如，飘逸奔放，亦气势恢弘。

3. 狂草

草书发展到唐朝，出现了随心所欲地将草书简化、笔画连绵的"一笔书"，这种新的字体就是"狂草"。狂草最早推至张旭和怀素。

张旭字伯高，一字季明，吴郡人，楷书大家虞世南的外孙女之子。张旭为人放荡不羁，才华横溢，不仅书法精湛，亦有诗词传于后世。是李白、贺知章的朋友，与李白、贺知章、李适之、李进、崔宗之、苏晋、焦遂并称为"饮中八仙"。张旭经常大醉后挥笔成书，是一个天才书法家。有时会用头发书写，因此有"张颠"之名。张旭习得了王氏兄弟的笔体，又吸收张芝草书的精华，创造出挥洒自如的狂草。他热爱书法，并将自己的感情融入书法之中，因此，我们从他的字中也能看到他的思想。与同时期的书法家相比，张旭尤为后世人所推崇，独领风骚。

怀素，俗姓钱，字藏真，湖南零陵郡人，唐代著名的书法家。10岁出家为僧，一心事佛，素有"零陵僧"或"释长沙"的称号。与李白、杜甫等人交往密切。怀素也好饮酒，亦能作诗。经常酒后书写，与张旭并称为"张颠素狂"或"颠张醉素"。怀素自幼聪敏好学，"芭蕉练字"故事的主人公就是他。由于纸张太贵，他买不起，于是就种了芭蕉，摘下大的芭蕉叶，在上面练字。很快大的芭蕉叶就没有了，而小的叶子还没有长大，于是他心生一计，在芭蕉树前练字，这样就不用将叶子摘下来了。怀素的狂草，运笔刚劲有力，字字有体，豁达奔放。怀素有字帖流于后世，有《自叙帖》《藏真帖》《食鱼帖》《大草千文》《小草千文》《四十二章经》《千字文》等，成为诗人笔下称赞的佳作。

狂草不但笔画勾勒，结构错综，部分偏旁已经失去了原有的容貌，而且变幻莫测，令人难以琢磨。通常书起于兴，才能写出它的豪迈，极富神采。因此，这种字体很难被大众广泛使用，却成就了它作为一种高雅的艺术品，供世人欣赏。

（七）楷书和行书

1. 楷书

楷书是今天我们所使用的正体字，因此又叫正书或正楷，来源于汉隶的楷化，始于东汉，成于魏晋。早期的楷书还保留隶书的笔势，后逐渐改进，直至初唐，才彻底形成今天所见的楷书。楷书的结构相比隶书并无太多改动，写法却有突破，和隶书完全不同。楷书字体方正，横平竖直，改为收锋，减去蚕头燕尾，少微弧变硬钩。其字端正规范，易于辨识，可以作为楷模，由此得名。

楷书最初叫章程书，南朝宋羊欣曾有一段评价钟繇书法的话："一曰铭石之书，最妙者也。二曰章程书，传秘书，教小学者也。三曰行押书，相闻者也。三法皆世人所善。"这是说钟繇擅长三种字体，铭石书指刻在石碑上的楷隶，行押书是后世的行书，章程书是介于二者之间的一种字体，后逐渐发展成为正书。

擅长楷书的大家很多，尤其在唐代，名家辈出。历史上被称为"楷书四大家"的是欧阳询、颜真卿、柳公权、赵孟頫，此外唐代楷书名家还有虞世南、褚遂良等，他们不仅仅吸收了楷书的精华，并创立了自己的风格。

欧阳询，字信本，潭州临湘人，"欧体"创始人，曾隋唐两代为官。欧阳询敏而好学，少年便博览群书，精通史籍，尤好书法。他效仿王羲之的笔势，后独立创新，自成一体。书画理论家张怀瓘称："询八体尽能，笔力劲险。篆体尤精，飞白冠绝，峻于古人，扰龙蛇战斗之象，云雾轻笼之势，几旋雷激，操举若神。真行之书，出于太令，别成一体，森森焉若武库矛戟，风神严于智永，润色寡于虞世南。其草书跌宕流通，视之二王，可为动色；然惊其跳骏，不避危险，伤于清之致。"欧阳询传于后世的作品有《九成宫醴泉铭》《虞恭公碑》《皇甫诞碑》《化度寺碑》等。

颜真卿，字清臣，唐代著名书法家、爱国者，"颜体"创始人，出生于书法世家，其曾祖、祖父、父亲、母亲均长于书法。官至吏部尚书、太子太师，代宗时封鲁郡公，人称"颜鲁

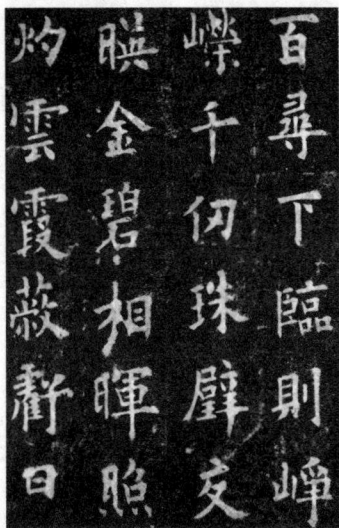

公"。自幼好学，苦练书法。先师从褚遂良，后跟随张旭，是继王氏兄弟之后成就最高的书法家。"颜体"气势磅礴，以丰腴代替前者们的瘦笔，字体刚劲有力，又不失骨格风华。颜真卿的书法变化多端，风格多样。朱长文在《续书断》中评价颜真卿："碑刻虽多，而体制未尝一也。盖随其所感之事，所会之兴，善于书者，可以观而知之。"颜真卿作品颇丰，书碑累累，并且一碑一风格。楷书碑有《东方朔画像赞》《麻姑仙坛记》《多宝塔碑》《自书告身帖》等。

柳公权，字诚悬，唐朝京兆华原人，官至太子少师，世称"柳少师"，"柳体"创始人。他在书法方面很有造诣，后世将其与颜真卿并称"颜柳"。练字之初，学习王羲之楷书，后转至练习"颜体"，独辟蹊径，创出流于后世的"柳体"，直至晚年，功成名就，显赫一时。柳少师的楷书，一改颜体的丰腴之美，以瘦求劲，字字有力，刚劲峭拔，后世称"颜柳"的书法为"颜筋柳骨"。柳公权的书法硕果累累，有《玄秘塔碑》《神策军碑》《金刚经刻石》《冯宿碑》等。

赵孟頫，字子昂，号松雪道人，又号水精宫道人，湖州人，又称"赵吴兴"，元代著名楷书大家，宋太祖赵匡胤十一世孙。他博学多才，通览古今，书法和绘画成就突出，晚年时受到皇帝的重视，从此名声大噪。赵孟頫在书法上的成就不仅在于他的勤学苦练，更在于他善于吸收名家所长，融会贯通，对后世影响极大。他的字不仅在国内得到极高的评价，在韩国、日本也赢得了书法爱好者的推崇。此外，他还是一位著名的书法理论家，记录自己的练字心得，给后世学者很多启示。作品有《福神观记》《仇锷墓碑铭》《胆巴碑》等。

2. 行书

行书是介于草书和楷书之间的一种字体。行书草创之初是楷隶的快写体，后逐渐发展成为楷书的快写，行书的行应该是取于"民间流行的字体"之意，相传是东汉末年刘德升首创的，与楷书形成时期大体相同。《书断》中有这样的记载："刘德升字君嗣，颍川人，桓、灵之时，以造行书擅名。虽以草创，亦丰赡妍美，风流婉约，独步当时。胡昭、钟繇并师其法，世谓钟繇行押书是也。"从中可见行书产生的年代。

　　行书之所以流行，是由于它不像楷书那样行文规矩、结构严谨，行书可以迅速、流利地书写，同时它又摆脱了草书的过于随心所欲、不易辨识，因此很受民间百姓的欢迎，并逐渐形成了一种被大众认可的字体。《宣和书谱》有云："自隶法扫地，而真几于拘，草几于放，介乎两者间，行书有焉。"行书在魏晋时期已经流行，名家辈出，有东晋王羲之、唐代颜真卿、宋代苏轼、元代赵孟頫等。王羲之的代表作《兰亭序》以"龙跳天门，虎卧凤阁"之势被誉为"天下第一行书"。颜真卿的《祭侄文稿》记录了其堂兄颜杲卿与子颜季明遇难之事，几经删改，构思缜密，直抒胸臆，终于书成了气势恢弘、骨格遒劲、落笔自然的书法名作，后人推举此书为"天下第二行书"。苏轼的《黄州寒食帖》是他的书法代表作，是作者在被贬黄州时所发的人生感慨。全文凄凉惆怅、情深意切，令人为之感动。该作书法犹如作者心境，起伏跌宕，虽作于困苦之时却无潦倒之笔，从作品中尚能看到作者的孤独寂寞。《黄州寒食帖》是苏轼行书杰出的代表，被誉为"天下第三行书"。

四、汉字字义的发展变化

形、音、义作为汉字三要素，在不同的时期都有不同的变化，前面我们谈到了汉字的字音、字形的发展变化，作为汉字系统来说，字义是不可或缺的一部分，下面将主要讲述汉字字义的演变过程及引申方式。

（一）字的本义

一个汉字在造字之初往往只是为了表达一个意义（古时一般用一个字来表示一个词义，因此一般所说的字就是一个词），这就是字的本义。但时至今日，从我们后世人所考察的材料中寻求的本义是否是造字的本义已经无法证实了，因此，我们所说的本义主要是指能找到的，这个字(词)有字形依据或文献依据的最古的意义。即根据文献记载，理论上存在的，实际上却无法推求的意义。在有文献记载之前的人类几千年的文明中，词义也会发生很大的变化，本义只能是相对于后代词义演变而言的。人类不断地发展进步，影响了汉字的演变，交往过程中需要的词越来越多，但造出太多的字显然也很麻烦，因此出现了词义引申，即将原来只有一个意义的词发展成为几种意义，这些意义叫变义。本义与变义的区别不仅在于出现时间的先后，还在于本义只能有一个，变义则可以有很多。

例1：节，𥱩（小篆）

本义：竹节，即竹子各段相连的地方。这部分可以使竹子结实，对竹子有约束作用，并且每隔一段就有一个。

引申义1：关节。

引申义2：骨节，关节。与竹子的形体和功能相似。

引申义3：事情的一部分。如情节。

引申义 4：起约束作用的度。

引申义 5：节制，日常生活中待人接物所遵循的原则。

引申义 6：节操，是指伦理道德上应该受到的约束。

引申义 7：节省，即生活中不铺张浪费，有一定的节制。

引申义 8：一段时间。如节日。

引申义 9：乐器的一种，用竹子编成，伴奏时每隔一段时间就敲一下。

例 2：环，⊖（小篆）

本义：璧也。由于古代的璧一般为圆形，因此环的引申义多与"圆"有关。

引申义 1：圆形的事物。如铁环，指铁制的圆形物体。

引申义 2：动词，表示绕一周。如环视，指的是向四周看一圈。

例 3：兵，（甲骨文）

本义：兵器。《说文》：兵，械也。

引申义 1：拿兵器的人。如士兵。

引申义 2：战争。如《孙子兵法》。

……

一字多义的现象在如今的汉语中非常普遍，最初研究字的本义，是为了读懂经书，然而现在我们对字的本义的研究并不仅仅是为了通经，也为了了解汉字字义的变化规律。这样从众多字义中找出本义就成了一项重要的工作。如何鉴别本义呢，本义与变义之间有什么区别呢？

第一，在六书中，象形、指事和会意这些形意字往往较容易推断出它的含义。如象（），看到它的鼻子就知道这是大象的特征；寸（），与手有关，而且在离手不远处；涉（），徒步渡水。只要本义与字形契合，近引申义与字形关系比远引申义稍近。直接用形象表示的汉字并不多，况且时隔这么久，我们也无法看到每一个古文字，有些汉字通过原有字形又无法判断本义，就需要我们寻找规律。

第二，从多种意义中归纳本义。用

字形来判断本义有一定的局限性，很多汉字我们无法找到它的古文字形，再加上形体的变化，于是学者们便试着通过词的多种意义来推求本义。这种方法要我们找出各个意义的共通点，按照逻辑推理，找出词义间的内部联系，从而分析派生关系。例：囱（chuāng），是窗的本字。由于窗户有口，于是又有空的意思，由此引申出"悤"（古同"聪"，本义是听力好，耳朵是空的），从"悤"开始加形旁之后变为"熜"（燃麻蒸也，与麻有关，而麻是一种空心植物）和"蔥"（葱，葱叶为空），由于葱叶是绿色的，因此，"悤"的形声字又多了一个绿色之意，发展成为"璁"（绿色的玉）和"骢"（青绿毛色的马），又由璁和骢发展成为"緵"（青色的丝帛）。璁、骢和緵均是从"蔥"引申而来的。

（二）字的引申义

引申义是指从本义出发，引申为既有本义特征又有其他意义的词义。词义的引申要遵循一定的规律，在一定范围内进行。这个范围指的就是引申过程中要保留本义的基本内涵，或与本义有共通之处。如"及"，本义为追赶上，引申为"等到了那个地方"或"等到了那个时候"。

词义的引申方式有以下几种。

第一，延展引申。指在特定的语境中，把原有词义所概括的内容中的某一项突出或延伸，赋予词义新的特点。

例1：引，开弓也。开弓这个过程有以下几个特点：①把弓拉长；②牵引箭运动；③拉弦的手向后。由这三个特点分别引申出①延长，如"引领时代潮流"的"引"；②引导；③后退，如"引咎辞职"的"引"。

例2：明，本义为明亮。引申义①为视力好，如"耳聪目明"；引申义②为清楚，如"目不能两视而明"，指的是眼睛不能同时看两种事物还看得很清楚。

例3：贱，贾少也。引申为地位卑贱。

例4：举，本义是举起、抬起。引申为推荐、选举。

第二，条件引申。指一个词的某一义项借助一定条件表示另一事物。可以通过自然条件或社会条件进行词义的引申。如"节"，本来指竹竿上的竹节，表示一段距离，后来用来表示时间段，中国的二十四节气中的"节"就是一段时间的意思，这是通过自然条件来引申词义的。也可以用社会条件来引申词义。如"汉"，本来指汉水，后来将汉水流域一带叫汉中，于是有了汉朝和汉族。

第三，修辞引申。是指通过修辞手段使词在原有词义基础上产生新义的引申方式。一般出现在比喻和借代两种方式中。比喻引申是以原词的词义为喻体引申出的新义。如"斗"，本义为古代盛酒用的器具，后来人们看到大熊星座中最亮的星星排列的方位与斗的形状相似，又因为该星座在北方，于是将最亮的星星取名为北斗星。借代引申是指事物之间由于其相似之处而以一种事物代替另一种事物从而形成新的意义。例如"官"，本义为政府办公人员工作的地点，由于常用来指代官员，就逐渐引申为官职的名称，这个意义逐渐被固定下来。

第四，语法引申。这是由字在句子中所起的语法功能决定的。如"以"，最初为实词，表示用的意思，后来经常活用为介词，久而久之这种用法就固定下来了。再如"树"，本义为种植，动词，引申为名词树木。

（三）古今字（词）义的变化

1. 词义概括的范围不同

（1）词义的扩大

例1：河。汉代以前，河只用来表示黄河，是专有名词。后来逐渐发展成为所有河流的总称。如需表明是哪条河，还必须在"河"前加上定语。

例2：江。与河相似，江在过去只代表"长江"，后来发展成为所有江的统称。

例3：哭。古代哭只表示大声地哭，无声为泣，大声无泪为嚎。而今天的各种方式都叫"哭"，只是哭的方式不同而已。

（2）词义的缩小

例1：宫。先秦时期泛指房屋。秦始皇命令只有皇帝居住的地方才称为宫，后代一些大的寺庙也可以叫宫，当然百姓的房屋不可以叫宫了。现在一些高大的建筑物可以叫宫，如文化宫。

例2：汤。古时泛指一切热水，现在只用来表示用来烹饪食物时的汤汁。

例3：朕。先秦时表示第一人称，在《楚辞》中"朕皇考曰伯庸"，朕指我，皇考指已经去世的父亲，这句是指"我去世的父亲叫伯庸"。秦始皇以后，这个字只能用来指皇帝自称。

（3）词义的转移

例1：走。本义为跑。现在义为比跑慢的行走。

例2：仅。上古时期，仅读"jǐn"，表示数目极少；到了中古时期，仅读"jìn"，表示数目极多，如"山城仅百层"；宋代以后，又表示上古时期的意思。

2. 词义含量的多少不同

一般指度量衡单位。

例1：尺。周代的一尺相当于现代的五、六寸。如"邹忌长八尺有余"。

例2：斤。秦朝时制定的一斤等于十六两，因此有"半斤八两"的说法。

3. 词的感情色彩不同

例1：龟。明代以前人们认为龟是一种长寿的动物，古代形容人长寿叫龟龄。因其长寿被认为是一种智慧的象征，于是上古时期在占卜的时候将过程和结果刻在龟甲上。

例2：卑鄙。古文中"卑"指地位低下；"鄙"是指知识的浅薄，没有褒贬之分。如"先帝不以臣卑鄙"。而演变至今，"卑鄙"则成为形容人道德低下的一个贬义词。

例3：走狗。古义指善于奔跑的狗，用于打猎。后发展成为为主人卖力的仆人，中性词。现代汉语中则表示长于阿谀奉承的小人。

（四）汉字间的几种特殊关系

1. 古今字

古今字是指不同时代记录同一个意义产生的不同的字。先产生的叫古字，后产生的叫今字。古今字是由东汉郑玄提出的。清代段玉裁对这种提法给予完善，提出："古今无定时，周为古则汉为今，汉为古则晋宋为今。随时异用者谓之古今字。"古今字的形成是由于上古时期汉字数量较少，不足以表示随时出现的意义，于是一词多义现象明显。后来为了区分词义，又造出一些新词来表达意义，就形成了古今字。有的古今字存在字体的差别，有的古今字存在借字与正字的差别，因此，直至现在很多人还将假借字、异体字与古今字三者混为一谈。异体字与古今字有较明显的差别，异体字是写法不同，意义和用法完全相同的两个字；而古今字是为了分担古字一定的意义，才创造出今字，这两者是完全不同的。古今字与通假字的区别在于：第一，古今字的两个字存在先后顺序，而通假字的本字与借字处于同一时期；第二，古今字在造今字时是为了分担古字的意义，而通假字只是临时借用，意义并不固定；第三，古今字在字义上有联系，而通假字是完全不同的两个字，他们之间可以有联系，但更多的时候是毫无瓜葛的；最后，古今字是造出新字，而通假字不参与造字。

根据古字和今字的关系，古今字可以分为以下几种类型。第一类是今字表示古字本义。如"益"的本义是水满溢出，引申为富有、利益等义，造出今字"溢"以后，在"益"上加了一个形符，使人更容易把今字"溢"和本义联系起来，于是，今字"溢"就用来表示本义，古字"益"用来表示引申义。第二类是今字表示古字的引申义。如"景"和"影"。景字本义为光，由于有光的地方会存在阴影，于是，"景"字也用来表示"影"的意思。后造今字影来表示阴影之义，而"景"不只有一个引申义，"影"字只是解决一部分，它们是不能等同的。第三类是今字表示古字的假借义。如"舍"本义为住的宾馆，假借为舍弃的舍，于是在舍的基础上加上形符"扌"，变成"捨"来表示舍弃之义。

2. 通假字

通假字是指古书中临时借用字形的现象。通假字的出现往往是一个人在写文章时不用本字，而拿别的字临时代替造成的。通假字与六书的假借不同，假借指的是本无其字，又不新造字，所以用已有的音同或音近的字代替；而通假是本有其字，只是将音同或音近的字通用。通假字的产生原因多数人认为是古代的经书太多，不容易书写。特别是秦始皇焚书坑儒之后，很多经书被毁，人们为了保存经典，只能凭记忆通过口述传授，而弟子的文化水平有限，在记录的时候一时想不出一些字的正确写法，只能拿一个音同或音近的字代替，久而久之，人们对这种现象就习以为常了。通假现象在先秦和两汉时期非常普遍。如《庄子·逍遥游》中"北冥有鱼"中的"冥"通"溟"，"北冥"指的是北方的海。对于通假字的理解，我们需要掌握通假的规律，否则在解读古典文献时容易误解。首先，声韵相同，即读音相同的字都可以通假。当然，我们要从通假字同时期的字音出发，不能用现代汉语的读音去衡量。其次，声纽与韵部中有一个相同，另一个相近的可以通假。最后，声纽和韵部都相近的也可以通假。

上古时期，通假现象虽然普遍存在，但并不是所有的通假字都能得到流传，从这个角度分析，通假字可以分为三种。第一，偶然通假。这种通假指的是一个字通用本字，出现通假字的情况很少。如《诗经·魏风》"逝将去汝"中"逝"通"誓"，是下定决心、发誓的意思。第二，一段时间内的通假。有些字在一定的时期内惯用同一个字通假，后来又随着时间的推进，这种现象就消失了。第三，取代本字的通假。这种通假字的运用比本字的应用频繁，于是，给人们留下了深刻的印象，并在以后的使用中通假字逐渐取代了本字的地位。

总之，通假字的产生是为了标音，它的出现，为后来学者研究经典、理解经典造成了一定的阻碍，却为我们研究上古音韵打开了方便之门。因此，对通假字的研究可以一举两得，不仅为我们通晓古文扫清障碍，也为我们研究上古音韵提供了宝贵的素材。

3. 异体字

异体字，《说文解字》中又叫重文，指的是形体不同的两个字，读音和意义完全相同，可以在任何情况下通用。常用的字为"正体"，不常用的叫"异体"。早在甲骨文时期，异体字就大量存在，有的字可以有几十个异体字。汉字是出于众人之手，同一个意义有多种表达方式是很正常的，再加上地域上的分割，观念的差异，异体字的存在也是不可避免的。异体字的产生大约有这样几种方法。第一，造字方法的不同。例如同一个意思造字，有的是用象形造的，而有的是用形声造的，这两种方式造同一意义的字显然是不能相同的。如"羴"与"膻"为异体字，前者为会意字，后者为形声字。第二，两个形声字的形符或声符的选择不同。如"蝒"与"蚓"是声符选择的不同。第三，形声字的形符和声符都不同，但读音和意义都相近。如"村"与"邨"。第四，部件的数目相同，位置不同。如"峯"与"峰"。

异体字与古今字的区别在于古今字是处在不同时期的字，而异体字是同一时期不同写法的字。并且古今字的今字只是继承了古字的某一义项，并不是全部，因此，不能任意互换；异体字除了形体有差别，声音和意义都相同，可以任意代替。

异体字与通假字的区别在于通假字只要读音相同或相近就可以，而异体字虽然字形不同，但读音和意义必须完全相同。

4. 同形字

同形字是指记录不同意义的两个或两个以上形体相同的字。造成同形字的原因主要有两种。首先，同一字形有多种意义指向。同一字形在不同的时间和地点被造出用来表示不同的意义，通常是巧合。另外文字的演变及简化也能导致字形相同。如"肉"和"月"隶变后字形相同，都为"月"。

5. 同源字

同源字指的是音、义相同或相近，属统一语源的字。如前所述，上古时期人们

用字来表示词义，因此同源字实际上是同源词的一种表现形式。这里的"源"指的是造字之源，"同源"就是说经过探求，两个字的形义在造字之初有密切的联系，读音相似。一般来说，在造字之初，音与义的结合完全出于偶然。随着社会的发展，字形的不断丰富，在原字的基础上字义不断引申，并逐渐脱离原字，因而产生出新字。有的还保留原字的声音，有的稍加改动。如"媾"与"講(讲)"。两个字的声旁相同，说明古音相同，并且意义相关，是同源字。"媾和、讲和"之意来源于"冓"。"媾"指的是婚媾、结亲等由于婚姻关系使两个家族结合在一起，建立亲善关系。"講(讲)"主要指用语言反复交流、沟通，使双方的紧张关系得以和解，侧重谈判。从"冓"派生的同源词还有溝(沟)，田间的水道相互交错，沟通；購(购)，卖方与买方经过商量、谈判来实现买卖关系；篝，本义指用竹子编的器具。

五、汉字的改革

　　中国的汉字历史悠久，从甲骨文算起至今已经存在三千多年，是世界上最古老的文字之一，也是世界上仅存的表意古文字。汉字的发展与汉民族文化的进步是分不开的。在这三千多年的历史长河中，汉字记录着先贤们执笔书写的华夏文明，是我们民族文化的重要组成部分。汉字虽然几经周折，在形、音、义方面发生了巨大的变化，但作为一种标记文明的符号，它也应该与时俱进，不断地完善。大约从清末开始，汉字改革的呼声从没有停过。很多学者在汉字改革的问题上呕心沥血、出谋划策。

（一）汉字改革的原因

　　汉字流传已久，留下的功绩是不可磨灭的，但是在社会不断进步的洪流中，要想继续发挥汉字的作用，就应该不断发现问题、解决问题。

　　第一，汉字经过几千年历史的冲刷，已经由最初的甲骨文发展到今天的楷书，汉字的形体发生了巨大的变化，大多数汉字已经找不到造字之初的影子，表意的功能逐渐淡化。但作为表意文字，它的表音功能也极为薄弱。早期的很多形声字在今天已经无法从声符中看字的读音，如以"化"为声符的字有"花、华、哗、桦"等，只有"桦"与"化"的音相同，其余的三个都不同，只是音近，这种形声字大量存在。再加上汉字的数目极多，记忆起来很不方便，又有很多异体字存在，导致学习汉字比较困难。

　　第二，汉字是表意文字，笔画繁琐，一字一形，更加重了学习的负担。不仅书写起来多有不便，同时也不易辨识。

　　第三，汉字不具有实

汉字发展简史

183

际表音的功能，这是语言和文字脱节的主要原因。中国地域广阔，各个地方只是了解汉字的意义，对读音的关注较少，久而久之，出现了很多方言区，有的方言区之间竟无法实现语言交流，对共同语的推广十分不利。

第四，汉字的僵化无法与汉语的变化保持同步。汉语是从口中表达，能发出的音多种多样，而汉字却不能随意造字，因此在书面上很多能发出的音无法用汉字记载，僵硬的汉字体系无法跟上灵活的语音前进的步伐。

第五，许慎的《说文解字》开部首排列法之先河，几经改革，部首已经由许慎的五百四十部简化到《辞源》中的二百多部，但是查找起来仍不方便。有时由于汉字的部件太多，很难认出哪一个才是部首，这也使学习汉字难上加难。

鉴于以上几点，汉字的改革迫在眉睫。从清末至今，尤其在彻底扫除文盲的现阶段，共同语的推广工作应该被提到日程上来。再加上目前全球化趋势日益明显，在这科技迅猛发展的时代，向世界传播中国文化以及引进外国的先进技术都需要加强汉语的传播。而汉语的传播离不开汉字，因此建立一个完善的汉字学习方案势在必行。

（二）新中国成立前的文字改革

文字改革最早表现为清末的"切音字运动"。1626 年，法国人金尼阁的《西儒耳目资》问世，这是最早用音素字母为汉字标音的书。受它的影响，清代文字学家提出改良反切的方案。鸦片战争以后，外国传教士在宣传教义时用罗马字母标记各地区方言，启发了我国的文字学家们，直接推动了我国的汉字改革。清朝末年，统治者的腐朽激起很多爱国者走上了变法革新的道路，其中不乏提倡汉字改革之士。1892 年，卢戆章设计出《一目了然初阶》，用自己设计的字母来标志厦门方言，被称为"中国第一快切音新字"，引起了切音方案改革的热潮。由于尚无体系，各学者提出的方案多种多样，一时出现了假名系、拉丁系、草书系、篆文系、音义系、速记系、象数系等，其中王照的《官话字母读物》成就最高。他提倡语言整齐划一，应以北京话为基础，并为拼音的传播做了很多工作。同一时期朱文熊设计了"江苏新字母"，最早采用音素化字母，使切音工作有了新的突破。

五四运动以后，汉字拼音化工作又有了新进展。先后出现了"国语罗马字拼音法式"和"中国拉丁化新文字"。国语罗马字拼音法式是由钱玄同、黎锦熙、赵元任等著名学者于 1925 年讨论提出的。国语罗马字拼音法式采用拉丁字母，将汉语音节分析到音素，设立标明声调的字母，保证了它的准确性。拉丁化新文字是由瞿秋白和前苏联的郭质生共同设计的。设计者主张拼写方音，并不主张统一汉语，也不标有声调，可以使各方言区按照自己的语调去读，减少学习的难度。此外，这一时期还有学者提出汉字拼音化方案、汉字音节化方案等。

(三) 新中国成立后的汉字改革

20 世纪 50 年代，周总理曾关注过汉字的改革，他在政协全国委员会举行的报告上提出，简化汉字、推广普通话、制定和推行汉语拼音方案三项任务作为当前文字改革的任务。周总理提出三项任务以后，汉字的改革有了明确的方向，逐步走向正轨。

1. 汉字的简化

汉字的简化包括两个方面的工作：一是简化汉字笔画，二是减少汉字字数。

1956 年，国务院公布了《汉字简化方案》，将简化字分四批进行。整理出《简化字总表》和《第二次汉字简化总表》，分别简化汉字数 2235 个和 248 个。汉字简化有以下几种方法。

第一，简化部件。这种方法是最有效的汉字简化方法，往往可以通过对一个部件的简化，类推出对一系列汉字的简化。如燈→灯，襖→袄，車→车。再如金→钅：錢→钱，鐵→铁，鉤→

钩，鋼→钢。

第二，同音或异音代替。使用这种方法要保证意义不能混淆。如醜→丑，葉→叶，穀→谷。

第三，换用简单符号。如鄧→邓，淚→泪，雞→鸡。

第四，草书楷化。将大家熟悉的草书字体变为规范的楷书字体。如書→书，興→兴，長→长，為→为。

第五，保留特征或轮廓。把繁体字复杂多余的部分省略掉，留下这个字的轮廓，同时保证大家方便记忆。如齒→齿，飛→飞，龜→龟。

第六，新造形声字。如竄→窜，膚→肤，響→响。

第七，新造会意字。如寶→宝，體→体，塵→尘。

裁剪字数这项工作主要是针对汉字库中存在的大量异体字。如鸡（雞、鷄），台（臺、颱），墙（墙、牆），鉴（鑒、鑑、鑿）等。这些异体字的存在增加了汉字学习的负担，它们只能是汉字系统中的累赘，毫无积极意义，应该废除。1955 年，文化部和文改会公布了《第一批异体字整理表》，从列出的 810 组异体字中废除了 1055 个异体字，这些字只能在姓氏中查到；1965 年，文化部和文改会公布了《印刷通用汉字字形表》，共收字 6196 个；1988 年国家发布的《现代汉语通用字表》共收字 7000 个。与此同时，国务院还改变了 8 个省和 35 个地区名称中的生僻字。

2. 汉字的规范化

汉字的规范化包括四项工作，就是俗称的"四定"，即定量、定形、定音、定序。

定量指的是规定汉字的数量。汉字究竟有多少个，我们无法说清楚，但是在日常生活中，我们常用到的汉字并不多。国家汉字研究机关通过整理，制定了《通用字表》，对其进行规定。1955 年，文改会发布了《通用字表（初稿）》，收字 5709 个；1965 年公布《印刷通用汉字字形表》，收字 6196 个；1981 年，国家标准局发布《GB2312-80 信息交换用汉字编码字符集基本集》，收字 6763

个；1988 年国家语委和国家新闻出版署发布的《现代汉语通用字表》，收字7000 个。定量工作进一步缩小了汉字日常学习的范围，但是对于姓氏方面，还有待进一步总结。

定形指的是规定汉字的标准字形。定形是汉字简化后的一项重要内容。在简化汉字后，为了保持字形的稳定，必须规定出标准字形，减小异体字存在的空间。1955 年，文化部和文改会公布了《第一批异体字整理表》废除异体字1055 个；1956 年《第二批异体字整理表》，废除异体字 766 个；又在 1965 和1967 年公布新的《异体字整理表》来征求各界的意见。定形除了针对异体字之外，还要整理异形词，如人才与人材、唯一与惟一等。教育部和国家语委于2001 年 12 月 18 日发布《第一批异形词整理表》，整理异形词 338 组。

定音是指规定汉字的标准读音。长期以来，汉字存在口语和书面语读音不统一的现象；也有一个字有两个读音，但这个字又不是多音字，两个读音用法完全相同的现象。1957 年、1959 年和 1962 年普通话审音委员会三次发表《普通话异读词审音表初稿》征集各方意见，后于 1963 年发布《普通话异读词三次审音总表初稿》，经重新修改后，国家语委、国家教委、广播电视部于 1985 年正式发布《普通话异读词审音表》，为推广普通话奠定了基础。

定序指的是规定汉字的排列顺序，以便检索。传统的汉字排列法主要有三种：义序法、音序法和形序法。义序法属于传统字书的排列方法，目前已经不用了，今天大多数的字书都采用后两种方法。

音序法，是根据汉字字音来排列的方法。这种方法通常结合形序法共同使用，因为汉字中的同音字很多，这样用音序法就无法做到尽善尽美。遇到这样的情况，通常先以笔画的多少为标准，笔画少的排在笔画多的前面。如果笔画数一样多，那么就按笔顺排列。

音序法中一旦遇到不认识的字就需要用到形序法。形序法分为笔画法、部首法和号码法。

笔画法包括札字法、丙字法和江天日月红法。例如笔画相同的字按照札字法排列，就是按照"横、竖、撇、点、折"的顺序。如"干"和"于"，二字笔画相同，笔顺的第一笔和第二

笔也相同，但干的第三笔为竖，于的第三笔为折，那么干就应该排在于的前面。

部首法首先要将部首排列出来，部首按照笔画法进行排列，然后将属于同部首的字也按笔画法排列出来。

号码法是按字形确定号码排列汉字的方法。常用的号码法是四角号码。这种方法是将汉字的笔形编为数字，口诀为：1 横，2 竖，3 点捺，4 叉（十），5 插（扌、丰），方块 6，7 角（月、阝），8 八（人、入），小是 9，点下加横变 0 头。四角的先后顺序是左上右上，左下右下。如"端"字，左上为"点下加横"，号码是 0；右上为竖，号码是 2；左下为提，近于横，号码是 1；右下为竖折，号码是 2，"端"字的编号是 0212，可以通过这个号码来查找"端"。

以上几种排列方法，各有特色，互相补充，每一种方法都有自身的优势，掌握多种排列法可以在查询时做到游刃有余。